Campen und Angeln mit kleinem Geldbeutel

Wolfgang Seefeld

Campen und Angeln mit kleinem Geldbeutel

Ratgeber für Camper, Angler und andere reisende Individualisten mit viel Gepäck und wenig Geld

Bibliographische Information der Deutschen Bibliothek: Die Deutsche Bibliothek verzeichnet diese Publikation in der Deutschen Nationalbibliographie; detaillierte bibliographische Daten sind im Internet über http://dnb.ddb.de abrufbar.

ISBN 978-3-8370-0197-6

Herstellung und Verlag: Books on Demand GmbH, Norderstedt

Inhalt

Vorwort

Mein Patenkind, nennen wir ihn einmal Karsten, war schon seit dem Teenie - Alter begeisterter Angler und hatte mich damals, so weit es sein enger Terminkalender zuließ, oft auf Angelfahrten begleitet. Enger Terminkalender, in dem Alter? Ja, das gibt's. Neben dem Angeln betreibt er höchst intensiv und ebenso erfolgreich zwei weitere Sportarten und die Siegerpokale füllten bald sein ganzes Zimmer. Dafür musste natürlich reichlich trainiert werden, und wenn dann einmal ein Wochenende trainings- und wettkampffrei war, da ging es dann mit uns zum Angeln.

Nun ist er volljährig, im Führerscheinalter und hat ein eigenes Auto. Kurz entschlossene, eigenständige Angel-Wochenenden sind jetzt möglich. Man muss sich dann aber auch mit der Frage nach einer möglichen Unterkunft beschäftigen. Dieser Ratgeber ist nun nicht nur für Karsten geschrieben, sondern für alle jungen und jung gebliebenen Leute, die auf irgend eine Art und Weise mit Camping beginnen möchten. Der enge Geldbeutel, der zu Anfang des Berufslebens kaum große Sprünge erlaubt, findet natürlich besondere Berücksichtigung. Ist allerdings der erste Schritt getan, darf man durchaus an eine mittelfristige Zukunft denken, in der bei größerem finanziellen Aufwand auch viel mehr Komfort zu erwarten ist. Auch das gehört in einen solchen Ratgeber.

Falsche Planung kann zu unnötigen Geldausgaben führen. Das ist bitter, vor allem, wenn der Geldbeutel zu Anfang des Berufslebens noch recht klein ist. Dieses Buch soll helfen, schon im Vorfeld gut zu planen, das vorhandene Geld sinnvoll einzusetzen und kostspielige Pannen zu vermeiden.

Die eigenen Ziele

Zunächst einmal müssen die persönlichen Bedürfnisse grundsätzlich geklärt werden. Was möchte ich überhaupt? Will ich nur einmal oder zweimal im Jahr in Urlaub fahren? Das wäre schlecht, dafür würde sich der ganze Aufwand bei Beschaffung und Lagerung nicht lohnen. Dann würde ein Mietfahrzeug bzw. eine Mietwohnung die bessere Alternative sein, später dazu mehr.

Der Regelfall sieht anders aus. Neben den längeren Urlaubszeiten wird man auch an etlichen normalen Wochenenden fahren und vielleicht auch Brückentage zu Kurzurlauben nutzen. Ab da wird Camping sinnvoll und jetzt kann man sich Gedanken machen.

Das Gepäck, bzw. der zur Verfügung stehende Stauraum ist nun das Hauptproblem. Keine Sorgen hat der normale Hotel - Tourist ohne großes Hobby - Gepäck. In einigen Koffern / Taschen hat er die benötigte Kleidung und die Toilettenartikel, dazu Kamera, Camcorder und andere persönliche Dinge. Das war's. Dafür reicht ein Kleinwagen, das ist aber hier nicht unser Thema. Hier wollen ernsthafte Angler, so, wie Karsten mit seinem Freund, auf Reisen gehen, und das mit voller Ausrüstung. Andere Sportler sind aber genauso angesprochen, eigentlich alle, die für ihr Hobby eine umfangreiche Zusatzausrüstung benötigen.

Angeln ist da schon ein gutes Beispiel für sehr platzraubenden Sport. Was muss da nicht alles verstaut werden? Die großen Rutentaschen, einer oder sogar mehrere Angelkoffer, Köderfischkessel, Lockfutter plus Eimer, Schirmzelt, Stiefel, Sitzgelegenheiten, spezielle Anglerbekleidung, evtl. Räucherofen. Zwei Angler können einen PKW gut füllen, das weiß ich aus eigener Erfahrung.

Jetzt mache ich es noch schlimmer. Diese beiden Angler wollen campen. Dann wird der Wagen weiter gepackt: Das ist nicht nur das Zelt, was ins Auto muss, das ist noch viel mehr: Luftmatratzen, Decken, Stühle, Tisch, Kühlkoffer, Kocher, Geschirr, Besteck, Wasserkanister. Ach so, Taschen mit der normalen Kleidung und den Toilettenartikeln für 2 Personen müssen auch noch rein. In diesem Moment haben wir die Staugrenze eines Mittelklassewagens schon erreicht, vielleicht auch überschritten. Da müßte dann ein Kombi her. Ein Dachkoffer (Dachbox) könnte aber auch helfen.

Und jetzt treibe ich die Packprobleme auf die Spitze. Ein Boot, sei es auch noch so klein, ist oftmals der treue Begleiter eines Anglers. Auch dazu später mehr. Das wollen wir aber jetzt auch noch mitnehmen. Im einfachsten Fall bedeutet das: Ein großer Sack mit dem Schlauchboot, ein kleiner Außenbordmotor, evtl. ein Tank, Paddel, 2 Anker, Leinen.

Hallo Karsten plus Angelfreund. Wenn ihr das jetzt alles neben euer Auto stellt, dann wird euch schlecht. Keine Chance, das passt nicht in den Wagen. Das erste Auto musste aber natürlich ein heißes Gefährt sein, sportlich, gerne klein, Hauptsache Breitreifen und so tief gelegt, dass es auf jedem Campingplatz - Drempel mit der Ölwanne aufsetzt. Diesen PKW, vielleicht ist es ja der Erste nach der Führerscheinprüfung, sollte man gut überlegt auswählen. Könnte man sich nicht doch mit einem Kombi anfreunden? Der sieht zwar nicht so heiß aus, aber, zusammen mit einem großen Dachkoffer, könnte das alles noch passen.

Die Wahl eines geeigneten Pkws fällt also auch in das Vorfeld der Überlegungen. Man sollte dabei auch in die Zukunft schauen. Auch wenn man im Moment bestimmte Teile, wie z.B. ein Boot, nicht benötigt, könnte sich das in einem Jahr ändern. Dann wäre es gut, wenn das Auto jetzt schon genügend Platz bietet.

Einfach und günstig:
Das Zelt

Bei wenig Geld ist es unbestritten die beste Möglichkeit, einen schönen Urlaub zu verbringen, vorausgesetzt, man hat sich eine sinnvolle, ordentliche Ausrüstung zusammengestellt.

Vorschläge für das Zelt selbst: Baumwolle ist als Zeltmaterial etwas problematisch. Sie ist schwer und trocknet schlecht. Dazu bewegt sich die Wasserdichtigkeit, die in mm Wassersäule angegeben wird, am unteren Ende der Skala, meistens um ca. 300 mm WS. Dafür ist Baumwolle stabiler, atmungsaktiver und erzeugt ein besseres Wohnklima.
Heutzutage sind die meisten Zelte aus Kunstfasern gefertigt. Leicht, mit kleinen Packmaßen, schnell trocknend und mit einer Wasserdichtigkeit, die mehrere 1000 mm WS erreichen kann, sind sie meistens die bessere Alternative. Die geringere Atmungsaktivität wird bei diesen Zelten durch gute Lüftungsmöglich-keiten ausgeglichen. Allerdings sind Zelte aus synthetischem Material oft etwas UV - empfindlich. Farben können ausbleichen und die Wasserdichtigkeit kann nach jahrelanger Benutzung etwas leiden. Bei normalem Gebrauch wird das Zelt aber trotzdem viele Jahre Freude bereiten. Zwischendurch kann man nachimprägnieren und die Nähte mit Nahtdichter behandeln. Ganz wichtig ist die Lagerung eines

Zeltes: Es muss beim Verpacken absolut trocken sein! Eine Schimmelbildung und muffige Gerüche sind sonst sehr wahrscheinlich.

Zeltaufbau:

Die Zelte kann man in zwei Haupttypen unterscheiden.

a) Die „klassische" Konstruktion. Mindestens 2 Stützstangen stehen aufrecht frei sichtbar im Zelt, bei größeren Zelten auch mehr. Darauf kommen mindestens 1 Firststange. Über diese Konstruktion wird dann das Außenzelt gespannt und innen das Innenzelt eingehängt. Die Stangen sind in der Regel aus Eisen oder Aluminium.

b) Die modernen Kuppelzelte und ihre zahlreichen Varianten. Die Stützstangen werden hier in angepasste Taschen des Außenzeltes gesteckt, manchmal außen, manchmal auf der Innenseite. Diese Gerüstteile werden dann in einem Halbkreis gebogen und in spezielle Füße am unteren Zeltrand gesteckt. Alleine dadurch bekommt das Zelt schon seine grundsätzliche Spannung und Form. Das Innenzelt wird dann dort hineingehängt. Die Stangen sind aus Kunststoff oder Aluminium.

Beide Versionen haben Vor- und Nachteile. Bei der klassischen Art ist das Gestänge schwerer und die Aufstellstangen stehen teilweise mitten im Zelt und stören. Die modernen Arten bieten mehr Raum, ich empfinde sie aber als schwierig im Aufbau, besonders für den Neuling und den allein Reisenden. Ich denke dabei nicht an die Kleinzelte, die machen keine Probleme. Schlimm wird es bei den großen Zelten mit mehreren langen Bögen. Jeder Bogen besteht aus vielen kurzen Stücken, die man zusammensteckt und dann mühsam durch die Taschen im Zelt fädeln muss. Das hakelt manchmal gewaltig. Zieht man dann das Gestänge etwas zurück, dann trennen sich die Verbindungen, und man muss das erst wieder zusammenstecken, bevor es weiter geht. Am Anfang ist das zwar schlimm, nach einigen Aufbauten kennt man aber die Probleme und dann geht es doch recht schnell.

Nach dem Aufbau erkennt man, dass die früheren Formen mit den sichtbaren Stangen auch Vorteile hatten. Da konnte man nämlich z.B. Kleiderhaken anbringen und auch Campinglampen aufhängen. So etwas fehlt plötzlich, besonders, wenn die Stangen außen am Zelt angebracht sind. Vielleicht haben mache Modelle als Ersatz einige Schlaufen, ansonsten muss man sich selbst eine passende Lösung einfallen lassen. Will man sich selber Schlaufen einnähen, sollte man vorsichtig sein. Die Nähte könnten Wasser durchlassen.

Dann hilft wohl nur noch Nahtdichter oder ein Stück Zeltstoff, das man außen über die Naht klebt. So etwas wird im Handel als

Reparaturmaterial angeboten, da ja auch einmal durch Unachtsamkeit Risse entstehen könnten.

Das Zelt stellt meine Wohnung dar, ich möchte mich darin wohl fühlen, angenehm schlafen, kochen, essen oder einfach nur relaxen. Dazu gehört dann auch die Stehhöhe. Es ist nicht angenehm, sich im Liegen an- und auszuziehen oder auf dem Bauch liegend das Frühstück vorzubereiten. Diese Art zu leben hat der Schöpfer Käfern und Kriechtieren vorbehalten, dem Menschen hat er den aufrechten Gang spendiert. Danach wollen wir auch das Zelt auswählen.

Beim Camping denkt man automatisch an einen schönen Sonnentag, der ist aber nicht immer garantiert. Einen Ort, an dem es niemals regnet, den nenne ich Wüste, und solange ich mich nicht in der Wüste aufhalte, muss ich mit Regen rechnen, in Spanien weniger, im Sauerland häufiger. Zu diesen Zeiten ist dann das Zelt auch tagsüber ein zentraler Aufenthaltsort. Man sollte es auch schon deshalb nicht zu klein wählen.

Im Zelt findet man in der Regel 2 Bereiche: Ein oder mehrere Schlafzelte mit fest angenähtem, wasserdichtem Boden, sowie der Wohnbereich, der übrigens auch Fenster haben sollte, der meist mit direktem Kontakt zur Wiese. Unter beide Bereiche gehört eine ordentliche Plastikplane. Einerseits wird der Zeltboden so vor Schmutz geschützt, andererseits habe ich im Wohnbereich sogar mehrfachen Nutzen. Die Plane und eventuell ein zusätzlicher Zeltteppich verschaffen mir ein ordentliches Wohnzimmer und die aufsteigende Erdfeuchtigkeit wird auch zurückgehalten. Ohne Plane würden wir bald in einer Tropfsteinhöhle leben.

Ständig verdampft Wasser aus der Erde. Der Dampf kondensiert speziell in den kühleren Abendstunden am Zeltstoff und tropft dann auf unsere Häupter und in die Suppe. Das muss nicht sein, zumal wir mit Atem und Schweiß schon selbst für reichlich Feuchtigkeit sorgen.
Einige Zelte bieten über den gesamten Bereich, d.h. Schlafen und auch Wohnen, eine fest angenähte Bodenplane. Wunderbar. Der Innenraum wird dadurch garantiert vor der Bodenfeuchtigkeit geschützt. Ich habe solche Zelte bei niederländischen Herstellern gesehen, leider oft aus Baumwolle und auch recht teuer. Die Baumwolle war dann zwar beschichtet und daher dicht, aber Gewicht, Preis und Packmaß steigern sich doch schon spürbar.
Auch in Deutschland erhält man sie als „Vollschutzzelte". Sicher hat ein solches Vollschutzzelt seine Qualitäten, es gibt aber auch Nachteile. Stauraumbedarf und Gewicht sind gewaltig, und für den Preis eines neuen Vollschutzeltes kann ich mir einen gebrauchten Wohnwagen kaufen. Vor Jahren besaß ich mal einen Prospekt eines solchen Zeltherstellers. Der

verglich seine Zelte sogar mit einem Wohnwagen und fand seine Zelte besser, weil dort angeblich mehr Platz wäre. In der kalten Jahreszeit könnte man sie auch gut beheizen, sogar Camping im Schnee sei möglich. Um Himmels Willen, welch ein schräger Vergleich. Warum hat sein Zelt mehr Platz? Weil nichts drin ist, eine Stoffhülle über einem leeren Raum. Der Wohnwagen hat in der Regel bequemste Sitzgruppen mit Tischen, eine vollständige Kücheneinrichtung, einen Sanitär-raum und ist wintertauglich beheizt. Dazu dann Stauraum ohne Ende in Hängeschränken und in den Sitzgruppen. Das ist wirklicher Komfort und da fehlt dann eben etwas Platz. Bei einem Vollschutzzelt diesen Komfortmangel als Raum-vorteil herauszustellen, das ist schon mutig. Und worauf soll der Vollschutzcamper nach den Vorstellungen des Herstellers sitzen? Auf den Schlaf - Luftmatratzen, die man bei Bedarf aufeinanderstapelt. Für mich ergibt das einen weichen Hocker ohne Rückenlehne.
Ich bin hier nicht der Anti - Camper, im Gegenteil. Zelten ist schon sehr schön. Man sollte nur nicht versuchen, Zelt und Wohnwagen so zu vergleichen. Das sind einfach zwei verschiedene Paar Schuhe. Jede Art hat ihre Vor- und Nachteile und ihre eigene Daseinsberechtigung. Bleiben wir also erst einmal beim Zelt.

Karstens neu (oder auch gebraucht) erworbenes Zelt will befestigt werden und zwar mit Zeltnägeln, die er mindestens für steinigen Boden (massive

Stahlnägel) und Grasboden (Winkelbleche aus Alu oder Kunststoff) vorrätig haben sollte. Ein Hammer zum Einschlagen wird benötigt, eine Art Rohrzange zum Herausziehen ist auch nicht schlecht. Der typische Camping - Gummihammer versagt bei steinigem Boden, da ist nicht genug Wucht dahinter. Ich bevorzuge einen normalen Stahlhammer von vielleicht 300 bis 500 Gramm.

Im nächsten Schritt soll die Urlaubswohnung eingerichtet werden. Fangen wir einmal im Schlafbereich an. Eine Schlafunterlage ist nötig. Das kann eine normale Luftmatratze sein, eine selbst aufblasende Matratze oder eine Matratze aus Schaumstoff. Was ich dann kaufe, ist abhängig von meinem Geldbeutel und von meinem persönlichen Komfort - Empfinden. Natürlich muss wieder auch der zur Verfügung stehende Stauraum berücksichtigt werden.
In der kühleren Jahreszeit freuen sich die nackten Füße, wenn man auf einer Unterlage aus Iso - Matten steht. Damit sollte man mindestens den Trittbereich des Schlafzeltes auslegen. Zum Thema Schlafsack muss man nicht viel sagen, der ist allgemein bekannt, und in vielen einschlägigen Katalogen findet man beratende Hinweise zu den unterschiedlichen Qualitäten. Kleiner Tipp am Rande: Hat der Schlafsack einen umlaufenden Reißverschluß, dann kann er im Sommer komplett geöffnet und als Decke verwendet werden.

Kommen wir nun zum Wohnbereich. Da wir nicht mit den Ameisen frühstücken wollen, brauchen wir einen Campingtisch und Klappstühle. Dazu dann noch das übliche Zubehör, z.B. Teller, Tassen und Besteck. Ich will jetzt nicht den ökologischen Zeigefinger erheben und habe Verständnis, wenn ein junger Angler wie Karsten, keine Lust auf ausgiebige Spülgänge hat. Jeder soll selbst entscheiden, ob er speziell bei einem Kurzurlaub häufig Pappteller und Wegwerfbecher benutzt. Ganz ohne Spülen geht es auch damit wohl nicht, die Menge der Teile und die Häufigkeit läßt sich aber schon verringern.

Es geht aber noch weiter. Man möchte einen geangelten Fisch braten, eine andere Mahlzeit zubereiten oder einfach nur eine Suppe erhitzen. Dafür brauchen wir Töpfe und Pfanne und einen Gaskocher, im einfachsten Fall ein ganz kleiner für Gaskartuschen. Natürlich gibt es auch Kocher für andere Brennstoffe, z.B. Spiritus, Petroleum oder Benzin. Diese haben aber auch Nachteile. Die meisten Spirituskocher haben nur geringe Heizwerte, Petroleum- oder Benzinkocher können verrußen und müssen schon einmal gewartet werden. Oft sind sie auch als Spezialprodukte recht teuer. Am einfachsten und preisgünstigsten wäre da wirklich ein Gaskocher mit einer Leistung von ca. 2000 Watt, der mit Kartuschen betrieben wird. Solche Massenprodukte findet man auch schon einmal zu Kampfpreisen als Sonderangebot im Baumarkt und bei Discountern, und zwar in vielen Versionen.

Zwingend ist für mich auch die Kühlung der Lebensmittel. Dazu wäre dann eine elektrisch betriebene Piezo - Kühlbox notwendig. Die schafft eine Kühlung bis ca. 25° unter Außentemperatur. Hat man dann 35° C und mehr im Zelt, kann man da aber auch nicht mehr von lebensmittel-gerechter Kühlung sprechen. Eine Kompressor-Box wäre da prima, ist aber unbezahlbar und eine ebenfalls gute Absorber - Box ist einfach zu groß und auch sehr teuer.

Auf Kühlung gänzlich zu verzichten, halte ich, zumindest im Sommer, für problematisch. Gut, es geht, mit Einschränkungen. Dauerwurst, Schnitt-käse und Brot sind etwas haltbar, Dauer-konserven auch. Damit hätte man schon eine kleine Grundlage. Für Kochwurst gibt es auch kleine Dauerkonserven, die man in einer Mahlzeit aufisst. Aber Frischwurst-Scheiben? Liegen sie ungekühlt einen Tag in der Sonne, kann ich sie nicht mehr mit Appetit essen. Die Butter ist zerlaufen, Erfrischungsgetränke sind regelrecht warm. Eine Kühlung sollte also angeschafft werden.

Die Kühlbox braucht jedenfalls Strom und der geschickte Camper wählt einen Stellplatz mit Stromanschluß. Da die Box auf 12 Volt läuft, ist noch ein Netzteil nötig. Den vorhandenen Strom kann man dann auch noch gut anderweitig nutzen. Ein kleines Heizgebläse z.B. schafft angenehme Wärme an kühlen Abenden und Nächten - auf die max. mögliche Ampèrezahl aber achten, sonst fliegt die Sicherung raus. Zusätzlich habe ich dann noch Strom für das Handy - Ladegerät, den Walkman oder Game - Boy und das Zelt gut beleuchten kann ich dann auch. Kleines Rechenbeispiel: Viele Stellplätze sind mit 6 Ampère abgesichert. Multipliziert mit 230 Volt, habe ich 1380 Watt zur Verfügung. Ich benutze einen Heizlüfter mit 1000 Watt, die Piezo - Kühlbox benötigt 45 bis 60 Watt, ebenso viel setzt man für die Beleuchtung an. Da reichen die 6 Ampère allemal. Um aber an diesen Strom zu kommen, benötige ich auch eine Kabeltrommel, am besten 50 m, die ich von der Platzdose bis ins Zelt legen kann. Entsprechend den internationalen Vorschriften müssen Camping- plätze mit sogenannten CEE-Steckern aus- gerüstet sein. Also muss auch die Kabeltrommel einen solchen Stecker haben. Da man aber ab und zu immer noch die normalen Schuko - Stecker antreffen kann, ist ein Adapter auch noch sinnvoll.

Mit den großen Dingen des Campinglebens sind wir jetzt schon ordentlich ausgerüstet, aber auch Kleinkram gehört noch dazu: Eine oder besser mehrere Taschenlampen, Gewürze, Dosenöffner, Flaschenöffner, Zucker. Das ist aber immer noch nicht alles. Ab und zu muss einmal gespült werden, auch wenn man Wegwerf - Geschirr benutzt. Der selbst geangelte Fisch wurde gebraten, dann muss auch die Pfanne gespült werden und auch Kochtöpfe und Besteck warten ab und zu auf eine Reinigung. Dafür brauchen wir Spülmittel, Spültuch und Bürste und natürlich ein Trockentuch. Haushaltsrolle ist ebenso unentbehrlich wie Toilettenpapier. Auf vielen Campingplätzen findet man nämlich Sanitär-anlagen ohne die gewohnte Rolle. Schmunzelnd muss ich dann an den Song „Guten Morgen liebe Sorgen" von Jürgen von der Lippe denken: „ So, fertig, wo ist das Papier?"

Abendstimmung an einem See

Karussell der Möglichkeiten

A) Der Asket

Ein bescheidener Mensch, bewundernswert. So einfach leben, wie irgendwie möglich. Da genügt schon ein Mini - Zelt, 2,00 m x 1,20 m, vielleicht ein Fahrrad, etwas Wäsche und ein Kulturbeutel im Rucksack, eine Teleskop - Angel und ein Beutelchen mit Zubehör. Damit kann man zwar Fische fangen, aber dieser Asket ist genauso wenig ein Angler, wie er ein Camper ist. Ich will diese Art der Freizeitgestaltung nicht kritisieren, jeder soll so leben, wie es ihm am meisten behagt. Für ihn ist dieser Ratgeber aber nicht geschrieben, er braucht und will auch keine Ratschläge. Die Mini - Ausrüstung genügt ihm vollauf und meinetwegen kann er sich von den Pflanzen des Waldes ernähren.

Dieser Ratgeber wendet sich doch in erster Linie an Angler und andere Sportler mit einer ordentlichen, funktionellen Ausrüstung. Das sind Angler, die auch im Campingbereich nicht auf einen Mindestkomfort verzichten möchten. Das „Wohlfühlen" im herkömmlichen Sinne gehört dann schon dazu, Zelten bei Frostgraden ist auch nicht angesprochen. Und das alles braucht Platz, speziell beim Transport.

B) Mietunterkünfte

Da gibt es die unterschiedlichsten Möglichkeiten, von ganz schlicht bis zum 5-Sterne - Hotel. Das Hotel kann man eigentlich von vornherein ausschließen. Angler und Hotel, das sind zwei Welten, die nicht zueinander passen. Die Kleidung und die schlammverschmierten Stiefel erregen da genauso viel Aufsehen, wie das Schlachten von Fischen oder eine Räucheraktion in der Hotelzufahrt. Aussortieren der verpuppten Maden auf dem Restauranttisch führt spätestens dann zum Rausschmiss.

Besser sind da schon kleine Pensionen mit Küchenbenutzung oder Appartements mit voll eingerichteter Küche. Manche Pensionen haben sich auch speziell auf Angler eingerichtet und bieten zusätzlich Tiefkühlmöglichkeiten für den gefangenen Fisch und Frühstück sehr früh am Morgen. Da wird der Angler regelrecht „bemuttert".

Ganz einfache, dafür aber wirklich preisgünstige Unterkünfte bieten manche Angelkutter. Für wenige Euro erhält man auf dem Schiff eine winzige Koje, aber das genügt ja. Etwas zu Essen findet man in Hafennähe und tagsüber während der Fahrt bietet das Schiff außerdem preisgünstige und gute Verpflegung.

Nun zu den Nachteilen: Mietunterkünfte sind nicht gerade billig und zu den Saisonzeiten können sie auch einmal unverschämt teuer werden. Eine Wohnung für 30 € am Tag muss man schon in der Nebensaison lange suchen. So etwas kann dann in der Hauptsaison locker 50.- € kosten. Nur wenige Tage in einer Mietwohnung oder in einem noch kostspieligerem Haus eines Ferienparks erreichen schnell den Wert einer kompletten Zeltausrüstung. Da sollte doch, allein wegen der finanziellen Gründe, schnell die Entscheidung pro Camping gefallen sein, obwohl auch der Campingplatz natürlich nicht gratis ist. Zu den finanziellen Erwägungen kommen dann auch noch andere Nachteile bei der Mietunterkunft. Man ist gebunden und muss rechtzeitig vorher buchen. Gerade zu Saisonzeiten könnte man sonst sehr schnell von einem Mangel an Unterkünften überrascht werden. Manch ein Vermieter verlangt dann Mindestzeiten, beispielsweise in der Hochsaison eine Woche. In der Hochsaison ganz kurzfristig planen oder nur ein Wochenende buchen, das ist oftmals nicht drin.

Verschlechtert sich das Wetter während eines längeren Ferienaufenthalts, dann kann ich zwar abreisen, Geld gibt es aber nicht zurück. Auf einem Campingplatz wird in der Regel am Abreisetag gezahlt. Ich muss mich meist nicht vorher festlegen und zahle am Ende nur die tatsächlich genutzten Tage. Das ist auch mit Sicherheit sinnvoll für Angler, die sich kurzfristig zur Abreise entschließen, um an einem anderen Standort ihr Glück zu versuchen.

Trotz der Nachteile muss man auch eine Mietunterkunft im Auge behalten. Auch die, die normalerweise zelten, werden in der kalten Jahreszeit das Zelt im Keller lassen und sich eine wärmere Unterkunft suchen, die aber dann, in der Nebensaison, auch weniger die oben genannten Nachteile hat. Sie ist jetzt preiswerter, kann recht kurzfristig und auch nur einmal für ein Wochenende gebucht werden. Der nun warme Hintern tröstet dann über die entstandenen Mehrkosten hinweg.

Ich kann sogar von einem Beispiel berichten, wo ein Ferienhaus in Schweden billiger war, als die Anreise mit eigenem Wohnwagen. Eine Woche Ferienhaus kosteten in der Nebensaison 2000 Schwedische Kronen, ca. 210 Euro, dazu keine weiteren Nebenkosten. Nun die Gegenrechnung für den Aufenthalt im Wohnwagen:

➢ Im Anhängerbetrieb verbrauchte mein Diesel 3 l / 100 Km mehr, das sind bei 2000 Km dann 60 Liter oder gut 60 Euro.
➢ Anhängermehrpreis für die Fährüberfahrten 2 x 54 Euro, das sind 108 Euro (damals).
➢ Der Wohnwagen muss in der kalten Jahreszeit beheizt werden. 2 x 11 Kg Gasfüllung sind ca. 20.- Euro

➢ Campinggebühr in der Nebensaison 135.- sek pro Tag, das sind ca. 800 sek oder ca. 85 Euro.

Der Aufenthalt im Wohnwagen hätte also ca. 250.- Euro gekostet, das Ferienhaus damals bei dem entsprechenden Umrechnungskurs 210.- Euro, da gibt es nichts mehr zu diskutieren. Das Haus war unter diesen Voraussetzungen, aber auch nur dann, billiger. Bei zwei oder mehr Wochen hätte die Rechnung anders ausgesehen, genauso, wie bei einem Aufenthalt in der Hochsaison.

C) Das Klappzelt

Typischer Zeltanhänger, hier mit festem Deckel und Dachreling für zusätzliche Gepäckstücke.
Die am Heck montierte Küche läßt sich auch während einer Fahrtpause benutzen.

Es ist die Luxusform des Zeltens. Das eigentliche Zelt wird in einen Kfz - Anhänger integriert. Am Zielort angekommen, klappt man nach links und rechts zwei Deckelteile auf. Über diesen jetzt drei Sektionen (links, rechts und der Anhänger als Mitte) öffnet sich dadurch automatisch das Zelt, das leicht mit wenigen Stellschrauben verspannt werden kann. Ein anschließend normal zu montierendes Vorzelt vervollständigt die Unterkunft. Für eine oder zwei kurze Übernachtungen könnte man das Vorzelt aber auch weglassen.
Im eigentlichen Klappzelt befinden sich meistens links und rechts auf den Deckelteilen gut

gepolsterte Schlafplätze für je zwei Personen. Es gibt aber auch noch viele andere Versionen, z. B. mit nur einem Doppelbett, mit fest angebautem Vorzelt oder mit extra Vorzelt. Im mittleren Anhängerteil ist ein Tisch zusammen mit einer Sitzgruppe für vier Personen integriert. Stauraum unter den Sitzbänken ist auch vorhanden. Üblicherweise gehört zum Klappzelt auch eine Kücheneinrichtung mit Spüle, Wasserkanister, 2 - flammigem Gasherd und Gasflasche, manchmal ist auch eine Katalyt - Gasheizung eingebaut. Ich empfinde es als sehr sinnvoll, wenn die Kücheneinrichtung als „Heckküche" konstruiert ist, und zwar so, dass sie außen, am Heck des Anhängers, abnehmbar montiert ist. So ist sie auch während der Fahrt benutzbar und wird am Zielort abgehängt und nach Wunsch frei ins Vorzelt gestellt.

Bei den größten Versionen der Zeltanhänger kann man unterhalb der aufgeklappten Deckelteile noch je ein Schlafzelt einhängen. Dadurch könnten insgesamt 8 Personen schlafen, für mich eigentlich nur eine theoretische Möglichkeit. Wer bietet denn (als Einsteiger!) schon eine Art Gruppenreise für Angel- oder andere Sportzwecke an? Eine Großfamilie ist auch recht selten. Und wohin dann mit dem ganzen Gepäck einschließlich der Sport- ausrüstungen? Wie groß muss dann das Fahrzeug sein, das 8 Personen und das umfangreiche Gepäck transportiert?

Solche Sonderfälle sollen doch nicht das Thema sein. Ich denke da eher an den Einsteiger, jünger, wenig Geld, mit Freund / Freundin oder Ehefrau und vielleicht auch noch mit Kind. In jedem Fall könnte dieser freie Raum unter den Betten prima genutzt werden, um die Sportausrüstungen zu verstauen. Die Lebensqualität in einem aufgeräumten Vorzelt ist doch viel größer, vorausgesetzt, man ist zu dieser Ordnung bereit, nicht wahr, Karsten? Wenn die Mama, die sonst brav alles weggeräumt hat, plötzlich fehlt, dann muss man eben selbst etwas Ordnung schaffen.

Das Klappzelt, auch Camping - Anhänger oder Falt - Caravan genannt, kann man keinesfalls mit einem Wohnwagen vergleichen. Im Vergleich zum normalen Zelten erreicht man aber eine ungeheure Steigerung des Komforts. Dazu wird auch der im PKW vorhandene Stauraum deutlich erweitert. Vieles, was sonst im Auto war, verschwindet jetzt im Klappzelt, und auf den Deckel des Anhängers könnte ich auch noch ein Schlauchboot packen. Das ist ein enormer Platzgewinn.
Das Gesamtgewicht liegt in Bereichen zwischen ca. 400 Kg und 750 Kg. Damit sind viele Klappanhänger auch geeignet für Kleinwagen.

Wo Licht ist, ist aber auch Schatten, und das gleich mehrfach. Die Zeltausrüstung könnte bei Nichtgebrauch im Keller verschwinden. Wohin aber mit dem Zeltanhänger? Manche Typen können zur Seite gekippt werden und passen, genug Platz vorausgesetzt, neben dem PKW in die Garage. Aber sonst? An der Straße kann der Anhänger nicht stehen bleiben. Dann muss man sich irgendwo einmieten, vielleicht bei einem Bauern. Solche Stellplätze werden schon angeboten, sie sind zwar nicht sehr teuer, aber etwas kosten sie auch. Neben dem Stellplatz entstehen auch weitere Nebenkosten durch Zulassung, Versicherung und TÜV. Dazu verbraucht der PKW möglicherweise etwas mehr Kraftstoff und ich muss auch mehr bezahlen, wenn ich einmal eine Fähre benutze.

Ein weiterer Nachteil ist der Anhängerbetrieb, durch den man 80 Km/h Höchstgeschwindigkeit hat. Das ist eine Qual für den jungen Fahrer, der doch mit 180 Km/h allen zeigen möchte, was er für ein toller Hecht ist. Diesen Punkt sehe ich aber nicht als negativ an. Geduldig und mit angemessener Geschwindigkeit fahren, auch das muss gelernt werden und man kann nicht früh genug damit anfangen.

Jeder muss also seine eigenen persönlichen Bedürfnisse prüfen und dann zwischen Zelt oder Anhänger wählen.

Zeltcaravan, aufgebaut:

Klappzelt und Vorzelt sind aufgebaut. Manche Modelle haben fest angebrachte Vorzelte, bei anderen Modellen werden sie nachträglich angebaut. Die kann man dann auch bei einem kurzen Aufenthalt ohne Vorzelt benutzen.

Oftmals wird die Küche, die während der Fahrt am Heck montiert ist, nun ausgehakt und ins Vorzelt gestellt. Es gibt aber auch andere Varianten.

Aufgebauter Zeltcaravan, Innenansicht:

Hier ist ein kleineres Modell mit nur einem Doppelbett und der Sitzgruppe nebenan. Die Küche wurde vom Heck weggeklappt und steht jetzt im Vorzelt.

Beispiel für den Grundriß eines Zeltcaravans:

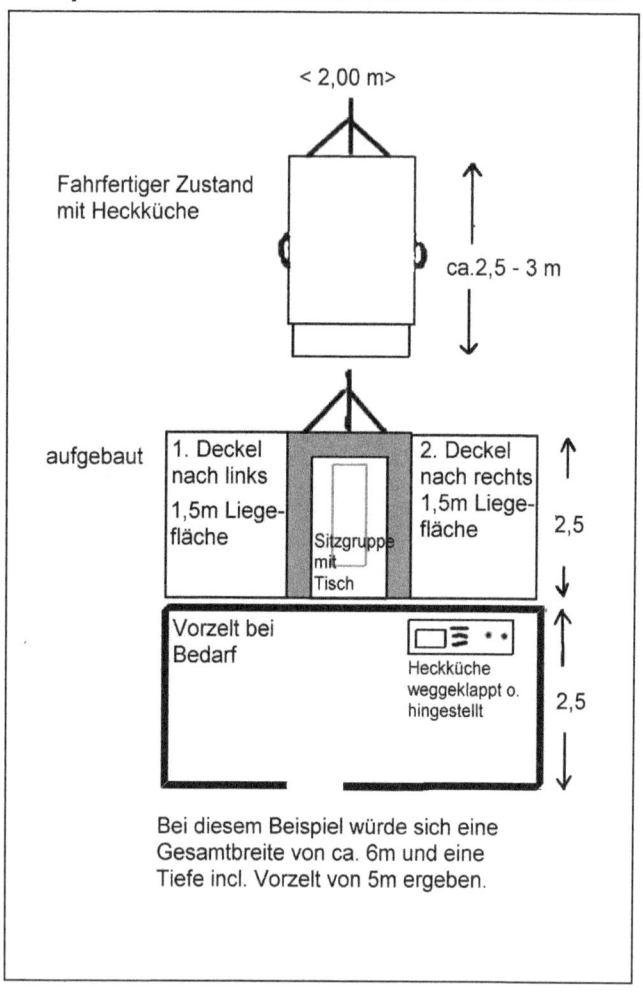

< 2,00 m>

Fahrfertiger Zustand
mit Heckküche

ca.2,5 - 3 m

aufgebaut

1. Deckel
nach links
1,5m Liege-
fläche

Sitzgruppe
mit
Tisch

2. Deckel
nach rechts
1,5m Liege-
fläche

2,5

Vorzelt bei
Bedarf

Heckküche
weggeklappt o.
hingestellt

2,5

Bei diesem Beispiel würde sich eine
Gesamtbreite von ca. 6m und eine
Tiefe incl. Vorzelt von 5m ergeben.

D) Der Wohnwagen

Vielleicht liebäugelt Karsten mit noch mehr Komfort. Da wäre ein Wohnwagen genau richtig. Wunderbare Einrichtung - ideal für das Camping - Leben, absolut winterfest, eigener Toilettenraum und wirklich viel Stauraum und auch Zuladung von 200 Kg und mehr. Zwei Angler bekommen da einschließlich riesiger Ausrüstung und Boot keine Platzprobleme. In Verbindung mit einem Vorzelt erhält man so einen Camping - Urlaub der Spitzenklasse.

Auch hier muss man aber die Schattenseiten berücksichtigen. Es entstehen, genau wie beim Klappzelt, Nebenkosten durch Zulassung, Versicherung, TÜV und Abstellplatz, der Kraftstoffverbrauch ist erhöht, Fähren werden teurer.
Der Wohnwagen ist eigentlich auch kein Fahrzeug für den Junggesellen, für den Einzelgänger, sondern etwas für Partner. Man fährt mit Freund, Freundin oder als Familie, alleine wird es recht schwierig. In der Regel ist Hilfe nötig beim Rangieren, beim An- und Abkuppeln. Und wer einmal versucht hat, alleine ein großes Wohnwagen - Vorzelt aufzubauen, der heiratet sofort.

Also Karsten, vergiß den Wohnwagen. Später einmal, wenn man fest im Beruf steht und einen festen Partner hat, kann man noch einmal darüber nachdenken. Dann steht auch mehr Geld für Anschaffung und Unterhalt zur Verfügung. Ein einfacher, älterer Wohnwagen mit TÜV ist nur selten und mit viel Glück (z. B. eBay) unter 1000.- Euro zu bekommen. Dann ist er meist auch in einem schlechten Zustand, für etwas bessere Gebrauchte wird deutlich mehr verlangt.

Natürlich bleibt der Wohnwagen, um möglichst vielen Interessenlagen gerecht zu werden, in diesem Ratgeber ein Thema und wird noch häufiger angesprochen werden.

E) Der Campingbus

Der Campingbus bietet da schon ganz andere Perspektiven. Man besorge sich einen gebrauchten, werksseitig zum Campingbus umgebauten Transporter oder man baue sich selbst einen Transporter aus, und schon hat man ein Fahrzeug, mit dem man auch einmal alleine fahren kann. Ankuppeln, rangieren, abkuppeln, alle diese Tätigkeiten, wo ich sonst Hilfe brauche, entfallen. Dem Solo - Urlaub steht damit nichts mehr im Wege, und deshalb sind diese Fahrzeuge gerade bei der jüngeren Generation so beliebt. Es gibt auch keine Unterstellprobleme bei Nichtgebrauch, da es sich um ein zuge- lassenes Kraftfahrzeug handelt und daher auch normal an der Straße parken darf. Mit einem beheizten Bus wären auch Fahrten im Winter möglich, das ist auch nicht schlecht.

Genug der Vorteile, jetzt kommen die Nachteile. So ein voll ausgebauter Bus bietet kaum noch Lebensraum. Hast du schon einmal versucht, auf einer Fußmatte Breakdance zu tanzen? Das entspricht der beengten Lebensqualität im Bus, ein ordentliches Zelt bietet da mehr Platz.
Da der Bus ja ein vollwertiges, motorbetriebenes Kraftfahrzeug ist, kostet er auch gebraucht entsprechend viel Geld. Das könnte man dadurch ausgleichen, dass man auf sein normales Alltagsauto verzichtet und nur noch den Bus besitzt und auch für die alltäglichen Bedürfnisse verwendet. Fazit: Vor- und Nachteile abwägen, in den Geldbeutel schauen und dann entscheiden. Eine Überlegung ist der Campingbus allemal wert.

Verbesserung der Platzverhältnisse:

Wenn ich von schlechten Platzverhältnissen rede, muss ich an dieser Stelle einmal versuchen, die Grenze zwischen Campingbus und Wohnmobil zu definieren. Wo hört der Bus auf, ab wann spricht man von einem Wohnmobil? Sicherlich haben wir es dann mit einem „WoMo" zu tun, wenn auf dem nackten Chassis ein kompletter neuer Wohn-aufbau aufgesetzt wurde. Genauso sicher sprechen wir von einem Campingbus mit wenig Platz, wenn wir einen der typischen kleinen

Transporter sehen, die nur innen ausgebaut wurden. Darüber hinaus gibt es aber noch einen Grenzbereich bei den sehr großen Transportern. Obwohl sie bei gleichbleibender Karosserie nur innen ausgebaut wurden, könnte man sie durchaus schon als kleine Wohnmobile bezeichnen, und diese haben auch schon spürbar mehr Platz. Die Grenze ist fließend.

Die schlechten Platzverhältnisse, die wir in einem kleineren Bus vorfinden, lassen sich natürlich verbessern. Für eine Wochenendfahrt reicht es allemal, das ist kein Problem. Man sollte nur nicht in den Fehler verfallen, bei der Vorbereitung der Fahrt viele Teile der zusätzlichen Angel - Ausrüstung einfach in den Innenraum zu legen. Gut, während der Fahrt stört das wenig, gibt aber Sicherheitsprobleme. Was ist aber nach der Ankunft? Dieser, nun einmal sehr kleine Innenraum muss jetzt frei sein. Im Bereich vor den Vordersitzen und vor der Windschutzscheibe ist sicher noch etwas Platz. Die Vordersitze selbst müssen wohl frei bleiben, da sie in einigen Modellen drehbar und Bestandteil des Wohnraums sind. Eigentlich kann man nur so viel an Ausrüstung mitnehmen, wie auch am Zielort platzmäßig zu verkraften ist. Der penible Angler wird wohl kaum über Nacht seine teure Ausrüstung vor den Bus legen. Alternative: Auch für Campingbusse gibt es Dachkoffer, das wäre dann zu überlegen.

Ein Schlauchboot ist von dem Stauproblem genauso wenig betroffen, wie die normale Kleidung und die Lebensmittel. Das Boot wird am Zielort herausgenommen und zum Wasser gebracht und stört dann nicht mehr. Kleidung und alle anderen Dinge verschwinden in den serienmäßigen Staufächern.

Schwieriger wird es bei einem längeren Urlaub. Nicht nur, dass man wesentlich mehr an Kleidung und auch Lebensmittel mitnimmt, auch die Angel- und Campingausrüstung werden umfangreicher sein. Ist man eine oder mehrere Wochen unterwegs, möchte man einfach ein gewisses Mindestmaß an Komfort haben. Eine deutliche Verbesserung erreicht man dann durch ein Vorzelt. Es ist Lebensraum und Lagerplatz gleichzeitig. Wer schlau vorab plant, wählt nicht irgend ein Vorzelt, sondern eines, das frei steht. Der Camper fährt doch öfters vom Platz weg, sei es für einen Einkauf im Supermarkt oder beim Angelhändler, oder einfach, um die Gegend zu erkunden. Ohne Vorzelt müßte jetzt alles wieder reisefertig eingepackt werden, mit einfachem Vorzelt genauso, und das Vorzelt noch dazu. Kommt man dann zurück, dann könnte es passieren, dass der schöne Stellplatz, den man vorher hatte, von einem anderen Camper benutzt wird. Woher sollte der auch wissen, dass dieser Platz eigentlich belegt war?
Wie der Name schon sagt, steht ein freistehendes Vorzelt auch ohne Campingbus. Wenn man kurz

wegfährt, kann es stehenbleiben. Alle Dinge, die vor dem Bus lagen (man hat sich ja gemütlich ausgebreitet), werden einfach ins Vorzelt gestellt, und nachdem Rückwand und Vordereingang verschlossen sind, kann man losfahren. Der Platz bleibt auch sichtbar reserviert.

Diese Vorzelte gibt es schon für Fahrzeughöhen ab ca. 1,65 m, Preisklasse ab ca. 250.- €. Selbst Vorzelte, die an einen Pkw/Kombi angeschlossen werden, sind erhältlich.

Verreist man also für länger als ein Wochenende, gibt es nur noch gute Argumente für ein Bus - Vorzelt, das ja auch ein ständiger Lagerraum für die Angelausrüstung oder andere Sportgeräte darstellt. Der zusätzliche Bedarf an Stauraum während der Fahrt wird am Zielort durch die Erhöhung der Lebensqualität mehr als ausgeglichen.

F) Das Wohnmobil

Dieser große Bruder des Campingbusses sprengt alle Maßstäbe. Nach oben hin gibt es kaum noch Grenzen, bei der Größe, beim Komfort, aber auch beim Preis.

Pfiffige Selbermacher mit viel technischem Wissen und gutem Werkzeug besorgen sich einen ausgedienten Omnibus (sehr beliebt ist z.B. der alte Setra) und bauen ihn zum Wohnmobil um. Das kostet aber auch viele tausend Euro und steht deshalb für den Neuling noch nicht zur

Debatte. Das kann man später einmal überlegen, als „alter Hase", wenn einem die Technik von Campingfahrzeugen vertraut ist und wenn man dadurch genaue Vorstellungen von der Einrichtung und dem technischen Aufbau hat. Und selbst dann kostet es den Erbauer viel Arbeit, Nerven und noch mehr Euro. Der Luxus, den man sich am Ende dann geschaffen hat, ist aber reichliche Entschädigung für den Aufwand.

Einen großen Vorteil bieten aber Campingbusse und Wohnmobile noch. Dadurch, dass der Wohnraum im Fahrzeug integriert ist, entfällt die Notwendigkeit eines Wohn- oder Zeltanhängers. Hier hätte man nun Platz für einen Trailer und könnte problemlos auch größere Boote mitnehmen. Bei den kleineren Campingbussen hätte man dann noch den Zusatznutzen, dass die sperrige Angelausrüstung nun im Boot Platz findet und den kleinen Lebensraum im Bus nicht noch weiter vermindert. Kleiner Bus + Vorzelt + Boot auf Trailer ergeben als Kombination zusammen eine ordentliche Möglichkeit auch für größere Reisen im Urlaub.

Ca. 15 Jahre habe ich die Kombination Reisemobil mit Boot auf Trailer auf Fahrten vom Nordkap bis zum Mittelmeer sehr zufrieden genutzt und bin nun in den letzten 15 Jahren auf einen Wohnwagen umgestiegen. Dieses

Erfahrungspotential ist natürlich die ideale Grundlage für einen Vergleich beider Systeme

Vorteilhaft beim Wohnmobil war für mich die Mobilität. In wenigen Minuten war man für einen Ortswechsel einsatzklar: Aufräumen, lose Gegenstände verstauen, abfahren zum nächsten Haltepunkt, wahlweise in der Natur oder auf einem anderen Campingplatz. Wer häufig seinen Standort wechselt, ist, unter Verzicht auf ein Vorzelt, mit dem Reisemobil besser bedient. Der Wohnwagen dagegen bedeutet Arbeit. Da muss ein komplettes Vorzelt mit Inneneinrichtung auf- bzw. abgebaut werden.

Vorteil des Wohnwagens ist der wesentlich größere Komfort. Man hat durch das Vorzelt einfach mehr Lebensraum - und auch mehr Sauberkeit. Schmutzige Schuhe, schneeverkleisterte Stiefel, nasse Kleidung, das alles bleibt im Vorzelt und der Wohnwagen bleibt sauber. Ins Wohnmobil klettert man so schmutzig, wie man ist, hinein und kann sich erst drinnen ausziehen und eventuell die Sachen zum Abtropfen in die Dusche stellen.

Der Wohnwagen zeigt auch eine bessere Wintertauglichkeit, da er rundum mit Isolier- scheiben versehen ist. Die Wohnmobile dürfen im ganzen Bereich des Führerhauses keine Iso - Scheiben haben. Das ergibt dann eine sehr häßliche Kältebrücke zum Innenraum. Wir waren früher öfters zum Wintercamping in den Alpen mit einem voll integrierten Wohnmobil und Hubbett im

Fahrerhaus. Bei minus 15° C. Außentemperatur fiel ständig ein sehr kalter Luftstrom von der Windschutzscheibe auf unser Hubbett und erzeugte spürbare Schlafstörungen und Unwohlsein. Abhilfe konnten wir mit einer speziellen gepolsterten Isolationsmatte schaffen, die komplett über alle Fenster des Führerhauses gespannt wurde. Im Mobil war es jetzt spürbar wärmer, dafür versperrte uns die Matte einen großen Bereich der Aussicht und sehr dunkel war es auch noch. Eigentlich war das ein fauler Kompromiß. Es hilft nichts, das ganze Führerhaus eines Wohnmobils bleibt wohl immer eine Schwachstelle in der Isolation. Bei späteren Urlauben dort mit einem Wohnwagen konnten wir die Unterschiede deutlich feststellen.

Kein Reisemobil - Argument ist für mich die „sagenhafte" Freiheit, die man (angeblich) damit genießen soll. Das freie Campen ist hier in Europa doch weitestgehend verboten, und diese Tatsache kann man auch nicht wegdiskutieren. Einzelne Kommunen haben zwar Übernachtungsplätze für Reisemobile geschaffen, die sind aber so dünn gesät, dass man darüber schon Bücher schreibt. Wenn man dann auf einem zugewiesenen Kommunalen Abstellplatz steht, ist das auch keine „sagenhafte" Freiheit. Ich habe die Camping - Gebühren gespart, mehr nicht.

Dafür fehlt mir dann der Komfort eines Campingplatzes, und der kann wirklich sagenhaft sein. Können Sie sich den mageren Strahl einer Wohnmobil - Dusche vorstellen? Mit gleichem Ergebnis können Sie sich mit einem nassen großen Hund in eine Abstellkammer sperren. Und dann der geringe Wasservorrat, schlimm. Die Sanitäranlagen auf Campingplätzen sind da doch sehr ordentlich. Manche Plätze bieten sogar den Luxus einer eigenen Sanitärzelle. In den Niederlanden kenne ich einen Platz, da kann man stundenweise ein Wannenbad mieten. Auf solche Annehmlichkeiten soll ich freiwillig verzichten? Dazu bieten die Plätze oft noch Restaurants oder Imbiss, oft auch sonntags offene Campingläden mit Lebensmittelangebot und darüber hinaus manchmal Sportanlagen oder andere Freizeitangebote. Das ist schon eher meine Welt, eine doch recht geschützte Anlage mit freundschaftlichem Kontakt zu den Nachbarn und ohne Angst vor den Gas - Überfällen, die momentan so in Mode sind. Und die sogenannten Gratis – Plätze der Stadt für Wohnmobile? Zum Beispiel der Lärm. Wenn Sie auf einem Großplatz stehen, den die Stadt zur Verfügung gestellt hat, mitten im Dorf, dann sind Sie wirklich mitten drin. Auch hinsichtlich des Verkehrs. Da zeigen dann jugendliche Heißsporne, zu welcher Leistung sie ihr Mofa getunt haben. Um Mitternacht. Und Sie sind mittendrin. Am anderen Morgen wachen Sie dann gerädert auf und verfluchen die ganze Situation. Muss das sein? Ich denke, Sie haben Urlaub und wollen genießen.

Offensichtlich bin ich kein Freund des freien Campings. Da sehe ich wirklich Probleme und denke an den altbekannten Satz „Wenn das jeder machen würde." Ich stelle mir eine beliebte Touristen - Stadt wie Wien oder London vor, und alles wäre erlaubt, weil wir doch freie Menschen sind. Wohnmobil an Wohnmobil würde am Straßenrand parken, und ich muss Slalom um aufgestellte Tische und Stühle laufen, weil „die Herren und Damen Camper" im Rahmen ihrer unermesslichen Freiheit gerade ihr Mittagessen auf dem Bürgersteig zubereiten. Irgendwo sind da Grenzen. Keiner sollte etwas dagegen haben, wenn man übermüdet nachts irgendwo parkt, um etwas zu schlafen. Genauso sollte es akzeptabel sein, wenn man entfernt wohnende Bekannte besucht, dort vor der Haustür einmal übernachtet und sich dabei so unauffällig verhält, dass es niemand merkt. Dann dürfte es auch keinen Ärger geben. Das sind dann aber auch die Grenzen.

G) Das Boot auf dem Trailer

Das ist eigentlich eine Sonderform des Campings, eher schon dem Bootssport zuzu-ordnen. Die Grundlagen sind: ein kräftiges Zugfahrzeug, z.B. ein Geländewagen, dahinter ein Boot von 6 bis 8 m Länge und nicht breiter als 2,50 m, damit man auch im Ausland keine Probleme mit der Überbreite hat. Für Zwischenübernachtungen klettert man ins Boot, das auf dem Trailer steht. Am Zielort wird das Boot ins Wasser geslippt und man liegt dann, wie andere Yachten auch - in einem Hafen. Für einen Angler könnte das schon reizvoll sein, zumal er ja am Ort auch noch seinen PKW benutzen kann. Die Kosten sind aber enorm. Zu dem kräftigen Zugfahrzeug muss auch noch ein Trailer und ein ordentliches, bewohnbares Boot angeschafft werden. Das kostet alles sehr viel und spielt deshalb bei meinen Sparvorschlägen keine Rolle.

I) Das Mietfahrzeug

Busse, Wohnmobile und Wohnwagen kann man auch mieten. Das geht auch schön ins Geld und ist deshalb für den interessant, der nur ganz wenig Zeit für Reisen hat. Da ist dann das Anmieten billiger als etwas zu kaufen und dann kaum zu benutzen. Auch der Zelturlauber findet mit einem Mietfahrzeug in der kalten Jahreszeit möglicherweise eine Alternative zu der Ferienwohnung. Die Preise dürften ähnlich sein. Es ist ja Nebensaison, Die Preise von Wohnungen sind genauso gesenkt, wie die von den Mietwagen und erreichen bezahlbare Größenordnungen. Unter diesen Umständen ist das Mietfahrzeug ein Faktor, den man in seine Berechnungen mit einbeziehen sollte. Zum Mietpreis muss man allerdings noch Nebenkosten hinzurechnen. Dazu gehören meistens die Endreinigung und das verbrauchte Gas.

Den Mietvertrag sollte man schon genau durchlesen, da kann manche Fußangel dabei sein. Einige Vermieter verlangen beispielsweise eine happige Strafgebühr, wenn die Toilette nicht penibel gereinigt wurde. Auch die im Mietpreis enthaltenen Kilometer pro Tag können sehr unterschiedlich sein. Also aufpassen! „Drum prüfe, wer sich ewig bindet...".

Das Boot soll auch mit

In das Vorfeld der Überlegungen sollte man auch ein Angelboot einbeziehen. Natürlich, es wird nicht immer benötigt, das behauptet auch keiner. Oftmals ist es auch verboten. In vielen Fällen erleichtert ein Boot aber das Angeln, manchmal ist es unverzichtbar. Man denke an breite Schilf- gürtel, die jedes Angeln vom Ufer verhindern, oder aber an die armen Brandungsangler, die mit ihrer Wathose bis zum Bauch im kalten Wasser stehen und mit speziellem Gerät Rekordwürfe versuchen, um in großer Entfernung vom Ufer sinnvolle Wassertiefen zu erreichen. Gemütlich im Boot sitzend, über einer ordentlichen Wasser- tiefe angelnd, bedaure ich sie schon etwas.

Das Angelboot ist natürlich auch ein ernster Ersatz für die Kutterfahrten, die nicht gerade billig sind. In meinem Boot bin ich frei, kann Ort und Angelzeit selbst bestimmen und auch aufhören, wann ich möchte. Viele Gründe sprechen also für ein Angelboot. Die Stauprobleme des Campers werden wieder einmal vergrößert, oder er muss, falls er nicht schon einen Anhänger zieht, das Boot auf einen Trailer packen. Dann ist aber eine Trailer-Höchstgeschwindigkeit von 80 Km/h ange- sagt.

Für den Camper stehen vier Versionen zur Verfügung:

a) Das Schlauchboot, das man klein zusammenlegen kann. Es sollte möglichst keinen festen Boden haben, denn der nimmt auch noch einmal Platz weg. Die Firma Jumbo - Boote (früher Metzler) hat mehrere Boote mit aufblasbarem Boden im Programm. Ein solches Boot, das 4m lange „Juca" hat mich früher viele Jahre lang prima auf meinen Angelfahrten begleitet. Heute haben doch mehrere Firmen erkannt, dass klein und leicht wichtige Argumente sind und bieten entsprechende Boote mit aufblasbarem Boden, Rollboden oder Lattenrost an. Ausschau halten und sich für das passende entscheiden!
Unter den Schlauchbooten findet man auch eine preisgünstige Leichtklasse. Während die „normalen" Boote aus dickem, gewebeverstärktem Material bestehen, sind diese Leichtboote aus einer stabilen Kunstofffolie hergestellt. Natürlich erreicht diese Bootsklasse, sie wird oft auch als Badeboote bezeichnet, nicht annähernd die Stabilität der gewebeverstärkten Schlauchboote, aber bei einer zweckentsprechenden Verwendung in Ufernähe und geschützten Bereichen können sie für einen Angler durchaus geeignet sein. Selbstverständlich wird der umsichtige Angler das empfindliche

Schlauchmaterial vor Haken und auch vor allen anderen spitzen Gegenständen seiner Ausrüstung schützen.

b) Teilbare Boote. Es sind Boote, die quer in 2 bis 4 Sektionen geteilt sind. Die einzelnen Teile werden vor Gebrauch zusammengeschraubt und ergeben ein vollwertiges Boot. Schraubt man die einzelnen Teile auseinander, kann man sie ineinander stellen und so auf dem Fahrzeugdach transportieren. Nachteil: Damit alleine losfahren, geht kaum. Für das Hochwuchten aufs Dach und auch wieder runter sind eigentlich schon zwei Personen nötig.

c) Klappboote. Mehrere Firmen bieten sie an. Sie bestehen aus Kunststoff oder Aluminium und werden zum Transport zusammengefaltet. In diesem Zustand sehen sie aus wie ein Surfbrett und werden so auf dem Autodach transportiert. Solch ein Boot, das „Banana - Boot" von der Firma Tribell in Hamburg, mit einer Länge von 3,80 m, benutze ich seit 10 Jahren mit bester Zufriedenheit. Inzwischen gibt es auch hierbei andere Firmen.

d) Das Boot auf dem Trailer. Dafür muss natürlich die Anhängerkupplung frei sein, und damit entfallen Wohnwagen und Klappzelt als Camping - Möglichkeit. Trotzdem ist auch das trailerbare Boot nicht zu verachten, da es ja

gleichzeitig ein hervorragender Gepäck-
anhänger ist. Mit dieser Trailerversion kann ich
einerseits als Angler mein geliebtes Boot
mitnehmen und habe andererseits einen prima
Stauraum für die Zelt- und Angelausrüstung.
Selbst, wenn ich das Boot einmal nicht
benutzen möchte, bleibt es doch immer die
bessere Alternative zum reinen Lastanhänger.
Allerdings muss ich dafür wieder einen
Unterstellplatz bezahlen und die Anschaffung
kostet auch gebraucht noch gutes Geld.

Egal, welcher Typ: Soll das Boot aufs Dach, dann
wird es mit der Alleinfahrt schwierig, zwei
Personen sind schon nötig. Mit dem einen oder
anderen Boot könnte das Hochwuchten aufs Dach
vielleicht alleine noch klappen, man muss sich
aber gewaltig abmühen. Das steht oft im
Gegensatz zu den Abbildungen und
Beschreibungen in den Prospekten der Hersteller
von Autodach - geeigneten Booten.

Für den Anfang würde ich ein Schlauchboot
empfehlen. Die sind recht robust, brauchen nur
wenig Pflege und sie bieten eine große Sicherheit
auch bei rauer See. Sollte mir da mal eine Welle
einsteigen, dann habe ich einen nassen Hintern,
sonst nichts. Das Boot fährt ungerührt weiter. In
den ganzen Jahren habe ich das aber noch nicht
erlebt. Eigentlich tanzt das Schlauchboot wie ein
Ball auf den Wellen. Man fühlt sich darin

geborgen. Und: Ich kann eine der kleineren Sorten auch einmal alleine ein- und auspacken.

Wenn man nicht gerade weite Fahrten auf See plant, reichen maximal 3,68 kW (5 PS) aus. Höhere Leistungen bringen auch mehr Gewicht und kosten Stauraum. Diese Grenze hätte auch den Vorteil, dass ein amtlicher Sportbootführerschein eigentlich nicht benötigt wird. Davor möchte ich aber warnen. Als Teilnehmer am Straßenverkehr haben Sie die passende Lizenz. Auf den Wasserstraßen ist das nicht anders, egal, ob Sie 3 oder 300 kW Antriebsleistung haben. Fehler können schwerwiegende Folgen haben, sie können sogar für Sie und Ihre Mitfahrer tödlich enden. Das durch die Führerscheinprüfung erworbene Wissen kann lebensrettend sein. Zum Motorboot gehört für mich ein Führerschein!
Sehr beliebt bei den Anglern sind auch die preisgünstigen Elektromotore. Zusammen mit einer Autobatterie als Antrieb, benötigen sie nur sehr wenig Stauraum. Zwei bis drei Stunden Laufzeit sind wohl immer drin, oft auch mehr. Das ist abhängig von der Motorleistung und der Batteriegröße und reicht allemal für einen Angler, der täglich nur zu seiner Angelstelle und zurück will. Abends wird die Batterie dann wieder aufgeladen. Diese Motoren sind leise und gut zur Schleppangelei geeignet, da sie lange Fahrten bei niedrigster Drehzahl nicht übelnehmen. Dazu kommt der Vorteil der Wartungsfreiheit, denn der

Benzinmotor benötigt seine übliche Pflege. Es sprechen also gute Argumente für den Elektroantrieb.

Was kostet der Spaß?

Jetzt beginnt der eigentliche Drahtseilakt: Die Verbindung meiner Wünsche mit den vorhandenen finanziellen Möglichkeiten.

Für eine grundsätzliche Übersicht möchte ich in diesem Kapitel einiges zur Kostensituation a) beim Zelt, b) beim Klappzelt und c) beim Campingbus sagen.

Die Grundvoraussetzungen

Um eine vernünftige Kostenplanung erstellen zu können, muss man erst einmal eine Basis haben, auf die man aufbaut. Nehmen wir einmal an, unser Karsten ist ca. 18 bis 20 Jahre alt, möglicherweise noch Azubi und hat 1000.- Euro auf dem Sparbuch. Ganz geschickt hat er zusätzlich schon vor Jahren kräftig angespart und konnte von diesen Ersparnissen den Führerschein machen und sich noch einen älteren Gebrauchtwagen kaufen. Seinen gewaltigen Bedarf an Stauraum kannte er schon seit Jahren und war deshalb schlau genug, sich für einen Kombi zu entscheiden. Durch regelmäßige Wartung ist auch sicher gestellt, dass der Wagen technisch in Ordnung ist.

Und was kommt dann hinsichtlich Kosten auf mich zu?

Mit diesen Grundlagen kann man jetzt rechnen und wird natürlich als preisgünstigste Möglichkeit die <u>Zeltversion</u> nennen, die auch keine Folgekosten verursacht. Schaut man einmal in einen der einschlägigen Kataloge der Campingausrüster, dann bekommt man schnell einen Überblick über die (Mindest-) Preise mit denen man rechnen muss.

Ein passables Zelt ist für ca. 200 € erhältlich, im Angebot oft auch viel günstiger. Nun das Zubehör:

Schlafsack	ab ca. 30-50.-
Luftmatratze o. ä.	ab ca. 20.-
2 Iso - Matten	ca. 20.-
Planen als Unterlage	ca. 20.-
Zeltnägel, Hammer, Zange	ca. 30.-
Tisch, Stühle	ab ca. 50.-
Heizlüfter	
(Baumarkt, 1000 und 2000 W)	ab ca. 20.-
oder spez. Campinglüfter	
500 W/1000W	ca. 50.-
Kabeltrommel Baumarkt	ab ca. 30.-
Piezo - elektrische Kühlbox	
einschl. 220 V - Umwandler	ab ca. 60.-
Besteck, Plastikgeschirr	ca. 10.-

Töpfe, Pfannen
(Mutter kann sicher etwas geben)   00.-
Kocher für Gaskartuschen   ab ca. 20.-
evtl. Gaslaterne   ab ca. 30.-

Bis hierhin sind wir einschließlich Zelt ca. 600.- Euro losgeworden, und von den angesparten 1000.- Euro bleibt noch recht viel übrig.

Nicht eingerechnet habe ich Kosten für weiteres Kleinmaterial. Vieles, z.B. Taschenlampen oder Dosenöffner, besitzt man ja schon, einige andere kleine Dinge müsste man noch nachkaufen. Das ändert aber nicht viel am Endbetrag. Der kann aber noch viel günstiger ausfallen, wenn viele Dinge beispielsweise durch frühere Jugendfreizeiten schon vorhanden sind, etwa Zelt, Schlafsack oder Luftmatratze.

Eine Anschaffung könnte allerdings noch notwendig sein. Vielleicht ist das aktuelle eigene Auto doch nicht so groß, wie es sein sollte. Dann könnte eine zusätzliche Dachbox den geplanten Urlaub noch retten. Die wird auch u.a. bei den einschlägigen Camping-Ausrüstern in Größen von 250 bis 550 Litern angeboten. 550 Liter - das ist sehr viel, das ist ein zusätzlicher kompletter Kofferraum. Die Preise liegen zwischen ca. 300.- bis 500.- Euro. Das ist schon viel Geld, könnte aber den Urlaub retten.

Die Kalkulation für ein Klappzelt bringt schon eine Preissteigerung mit sich. Neu sind diese Zeltanhänger bei einem kleinen Budget nicht bezahlbar, 5000.- € können da schon erreicht werden, gebraucht sind sie aber schon mal unter 700.- Euro erhältlich. Da könnte man dann zugreifen. Die oben beschriebene Ausrüstung ist aber auch nötig, allerdings werden Luftmatratzen, Iso - Matten und Planen nicht benötigt. Der Ausrüstungspreis würde dann ca. 330 Euro betragen. Endergebnis: Mit ca. 1400.- Euro wäre man dabei. Bekommt man den Anhänger unter 1000.- Euro und hat schon einige Ausrüstungsteile, dann kann es noch günstiger werden.

Jetzt entstehen aber Nebenkosten. Einmalig für die Zulassung und die Anhängerkupplung, jährlich für Steuer (sehr wenig), Versicherung (ebenfalls wenig) und wahrscheinlich auch für das Unterstellen des Anhängers (unterschiedlich, von preisgünstig bis teuer). Weitere Kosten für Wartung und TÜV kann man vernachlässigen. Der Klappanhänger befindet sich damit noch durchaus in einem finanziell überschaubaren Bereich.

Wesentlich schwieriger zu kalkulieren ist da der Campingbus, den man, passend zum kleinen Geldbeutel, als älteres, schon recht abgenutztes Gebrauchtfahrzeug ab ca. 1500.- oder 2000.- Euro erwerben kann. Gut, der Erwerb eines solchen Busses an sich war ja günstig, aber jetzt muss ich investieren. Ein Check in der Werkstatt meines Vertrauens schafft mir einen Überblick über den Zustand des Fahrzeugs. Wenn etliche Verschleißteile ausgewechselt werden müssen, oder auch noch andere Reparaturen anliegen, dann ist schnell eine dicke vierstellige Summe weg. Das muss ich in meinem Etat vorher berücksichtigen. Wenn ich den Bus dann als Alltagsfahrzeug benutze, dann sind das wenigstens keine zusätzlichen Zweitwagen-kosten. Auch der jährliche Unterhalt entspricht dann etwa den Kosten, die ich sowieso für mein Auto aufgewendet hätte. Erst unter diesen Voraussetzungen wird das Ganze bezahlbar. Allerdings schnellen meine Kraftstoffkosten hoch. Benziner sollte man in solchen Fällen sowieso meiden, selbst ein kleinerer Dieselbus schluckt schon 10 l/100 Km, bei größeren Fahrzeugen kann das schnell mehr werden.

Steuer und Versicherung sind bei Camping-bussen auch ein spürbarer Kostenfaktor. Genaue Zahlen lassen sich hier nicht nennen, die Tarife ändern sich doch zu häufig. Ganz so teuer wird es aber nun doch nicht, da günstige Tarife als Sonder - Kfz Reisemobil von den Versicherern angeboten werden.

Eines wurde in diesem Kapitel noch überhaupt nicht erwähnt: Das Boot, und das ist auch eine ganz andere Geschichte. Wenn die eigene finanzielle Lage ungünstig ist, muss ich zunächst der Camping - Grundausrüstung den Vorrang geben. Das Boot ist ein Extra, das man erst dann kauft, wenn wieder Geld da ist, und danach wird erst das Boot gekauft. Schließlich kann man ein Boot ohne Motor auch noch rudern. Die Ausnahme würde ein sehr günstiges Komplett-angebot bilden, das noch in die finanziellen Planungen hineinpasst.

Mein Reisefahrzeug

Schon mehrfach wurde in diesem Buch der PKW angesprochen und er ist unbestreitbar das entscheidende Bindeglied zwischen mir und einem schönen Urlaub. Welche Fahrzeugart, welche Motorisierung ist nun für den angehenden Camper sinnvoll? Diesel, Benziner, Stufenheck, Fließheck, Kombi, Van, Transporter, Anhänger?
Die Frage nach Diesel oder Benzin muss jeder für sich selbst beantworten. Dieselfahrzeuge sind haltbarer, dafür aber recht lahm, nicht so spritzig (zumindest die älteren Modelle). Sie kosten mehr Steuern, dafür verbrauchen sie weniger Kraftstoff und der ist auch noch billiger. Eindeutig ist aber die Antwort, wenn man einen Bus benutzt. Als Benziner schluckt ein Bully problemlos 15 Liter / 100 Km, das ist nicht tragbar, da muss ein Dieselmotor her, der den Kraftstoffverbrauch wenigstens auf 10 l / 100 Km senkt.

Die Wahl des Fahrzeugtyps ist da schon schwieriger. Für den Camper gilt eigentlich: So groß, wie möglich, im Idealfall also ein Bus oder Transporter. Wer den aber nicht als Alltags-fahrzeug fahren will, der muss eben auf die normalen Limousinenformen zurückgreifen und mit weniger Platz auskommen. Dann wäre ein Kombi oder ein Fließheck mit umklappbaren Rücksitzen die richtige Wahl. Und was steht am Ende der Liste: Der PKW mit Stufenheck. Ich habe oft mit meiner treusorgenden Ehefrau gezeltet. Der Kofferraum des Stufenheck - Wagens (Mittelklasse) und dazu auch der Rücksitzbereich waren immer randvoll gefüllt mit den beschriebenen Campingsachen und der persönlichen Kleidung. Für eine Angelausrüstung war genauso wenig Platz wie für einen weiteren Mitfahrer. Diese Autos und auch Kleinfahrzeuge benötigen also unbedingt eine zusätzliche Dachbox. Ist dann noch ein Schlauchboot mit Motor dabei, dann geht wohl nichts mehr unter einem großen Kombi mit Dachbox.

Die Dachbox könnte auch sehr gut durch einen Anhänger ersetzt werden. Dann hat man aber die Geschwindigkeitsbegrenzung und dann wäre es wirklich überlegenswert, ob man nicht statt eines einfachen Lastanhängers gleich einen Camping- anhänger nimmt. Der bietet auch zusätzlichen Stauraum und mehr Komfort beim Camping. Auf den Deckel des Anhängers könnte man zusätzlich das Schlauchboot montieren. Ein einfacher Dachgepäckträger zusätzlich für den PKW kostet wenig und verschafft weiteren Platz, z.B. für die unhandlichen Angelruten - Taschen. Die einzige Voraussetzung für eine solche Kombination wäre die Anhängerkupplung, die ein Zugfahrzeug dann haben muss. Der zukünftige Camper, der mitdenkt, sucht sich schon im Vorfeld einen Gebrauchtwagen, der eine Kupplung hat, auch, wenn er im Moment nur zelten will. Man weiß ja nie. Vielleicht bekommt er urplötzlich ein unwiderstehlich günstiges Angebot für ein Klappzelt und ändert seine Planungen. Dann wäre eine schon vorhandene Kupplung ideal. Ansonsten muss sie eben nachgerüstet werden. Je nach Fahrzeugtyp muss man für Kupplung und Einbau ab ca. 300.- Euro in der Werkstatt bezahlen. Kupplungen für Standard - Modelle sind natürlich günstiger und auch gebraucht häufiger erhältlich, als die für Exoten.

Also, Kopf hoch, so ganz hoffnungslos ist das Stauproblem nicht!

Bleiben wir aber noch etwas beim PKW. Denke ich an meine eigene finanzarme Studentenzeit zurück, dann blubbern einige, sehr leidvolle Erinnerungen hoch. Fahrzeugpflege ist ungeheuer wichtig. Fragt man aber Karsten, was Fahrzeugpflege ist, dann wird er wohl antworten: „Wöchentlich waschen und monatlich polieren!" So habe ich damals auch gedacht. Wen interessiert schon Ölstand und Ölwechsel? Motorgeräusche und andere Defekte, alles uninteressant, Hauptsache der Chrom glänzt. Reihenweise gingen mir die Autos kaputt, alles kapitale Schäden. Gut, meine Autos waren fast alle alt, da kann viel passieren. Vieles habe ich aber auch damals verschlampt, weil ich zu geizig für einen Werkstattbesuch war, oder auch zu nachlässig war bei der Ölkontrolle oder beim Ölwechsel.
Die Folgen blieben nicht aus. Motorgeräusche bei einem alten Audi 100? Egal, weiterfahren. Die

Geräusche verschlimmerten sich und dann bin ich noch auf 3 Zylindern nach London gefahren. Das Auto knallte und ruckte fürchterlich. Ich bin sogar mit dem Wagen wieder zurückgekommen. Reparatur? Kein Thema, einfach weiterfahren, Hauptsache der Chrom glänzt. Einige Wochen fuhr er noch, dann war Schluß, natürlich auf einer Urlaubsfahrt zur Ostsee. Kolbenklemmer, Motor platt, Urlaub zumindest teilweise im Eimer. Woran das wohl gelegen hat?

Mit dem nächsten Wagen, ein Manta B, ging es nicht viel besser. Kolbenklemmer, Pleuel abgerissen und durch den Motorblock geschlagen. Morgensonne im Kurbelgehäuse nennt man das, und der Motor streckt die Füße raus.

Fahrzeugpflege ist also mehr als waschen und polieren. Die Technik ist wichtig: Reifen, Bremsen, Ölstand und -wechsel, regelmäßige Werkstattkontrollen. Man suche sich eine Werkstatt des Vertrauens, gerne ein freier Betrieb. Eine kleine Werkstatt, wo der Meister schon nach wenigen Besuchen den Kunden persönlich kennt und mit Handschlag begrüßt. Dieser Meister kennt dann auch meinen Wagen, weist auf notwendige Reparaturen hin und hält dadurch das alte Schätzchen gut in Schuss. Dann kann ich auch einem alten Wagen vertrauen und weit entfernte Urlaubsziele ansteuern.

Trotz bester Pflege kann es zu unliebsamen Überraschungen kommen. Während eines Skandinavien - Urlaubs hatte ich plötzlich bei einem durchaus gepflegten und Werkstatt - überwachten Senator einen Motorschaden, defekte Kolbenringe an einem Zylinder. Die Kompression konnte an den Kolbenringen vorbei ins Kurbelgehäuse entweichen. Der dort wohl entstandene Überdruck ließ das Öl aus allen denkbaren „Poren" des Motorblocks spritzen. Motor und Motorraum waren total verölt. Auf dem Rückweg musste ich alle 50 Km eineinhalb Liter Öl nachfüllen. Das ergab für die 1000 Km rund 30 Liter Öl und das triefende Öl im Motorraum hat mir dann sogar noch die Lichtmaschine lahmgelegt.

Also, der Meister ist natürlich kein Hellseher, und es kann immer Überraschungen geben. Die treten aber auch bei neuwertigen Fahrzeugen auf. Die Werkstattpflege soll Pannen vermeiden, die man durch sichtbare Mängel erwarten konnte, und das ist schon sehr viel und besonders wichtig bei den älteren Fahrzeugen, die man sich bei dem kleinen Etat nur anschaffen kann.

Sparen, sparen, sparen !!

Eine Investition in Freizeit ist sicherlich eine gute Investition, der Geldbeutel wird aber doch schon arg belastet. Um finanziell wenigstens etwas Luft zu behalten, sollte man konsequent alle Sparmöglichkeiten, die sich einem bieten, nutzen.

a) Gebrauchtkauf.

Neben Zelten, Klappzelten, Wohnwagen und Campingbussen, lassen sich auch nahezu die meisten Ausrüstungsgegenstände gebraucht erwerben. 50 % und mehr an Preisersparnis sind möglich, aber wir freuen uns doch schon über jeden Euro, den wir weniger zahlen müssen. Als erste Quelle müsste man die Internet – Auktionshäuser nennen (eBay als Beispiel), bei dem auch im Camping-Bereich ständig sehr viele Campingfahrzeuge, -anhänger und Ausrüstungs- teile angeboten werden. Es ist eine riesige Fundgrube. Daneben existieren aber auch noch immer die Anzeigenblätter für die privaten Kleinanzeigen. Sie sind wohl in allen größeren Städten und Ballungsräumen erhältlich. Die Angebote sind sicher nicht so zahlreich, wie bei eBay. Der Vorteil der Anzeigenblätter ist aber, dass Käufer und Verkäufer nicht zu weit voneinander weg wohnen. Besuch und persönliche Besichtigung der Gegenstände ist somit möglich und meistens kann man auch noch über den Preis verhandeln.

b) Ausrüstungsteile ausleihen

Viele Ausrüstungsteile, die dem jungen Camper fehlen, können vielleicht im Kreis der Bekannten, Verwandten und Freunde ausgeliehen werden. Das können kleine Teile sein, z.b. eine Kabeltrommel, der Heizlüfter oder die Kühlbox, aber auch ein Zelt oder ein teurer Schlafsack wird auch schon einmal bereitwillig ausgeliehen, wenn man anständig fragt und keinen schlechten Ruf als großer Chaot hat.

Die geliehenen Teile ersetzen natürlich nicht langfristig die eigene Ausrüstung, sie können aber die finanzielle Belastung zeitlich günstig in die Länge ziehen, indem ich mir die Teile erst nach und nach kaufen muss. Auf diese Art und Weise könnte man auch an ein Boot kommen, auf das man bei eigener Anschaffung noch sehr lange warten müßte. Also: Auch diese Möglichkeit nutzen und leihen statt teuer kaufen!

c) Preisvergleiche

Wenn man schon selbst Neuteile kaufen muss, dann sind intensive Preisvergleiche notwendig. Als Bezugsquellen wären zunächst einmal die Campingausrüster zu nennen, die Kataloge herausgeben und im Versandhandel arbeiten, dazu dann die reinen Ladengeschäfte. Auch andere Geschäfte haben aber Campingartikel im Programm und winken, besonders in der Sommerzeit, mit Sonderangeboten. Da wären die Baumärkte zu nennen, Supermärkte, Handelsketten und andere Discounter. Um beispielsweise eine Kabeltrommel oder eine Plane zu kaufen, würde ich sowieso erst einmal bei mehreren Baumärkten nachschauen und Preisvergleiche einholen. Preisvergleiche sind allgemein wichtig und der interessierte Schnäppchenjäger sollte auch immer die Prospekte mit den Sonderangeboten durchforsten, ob vielleicht etwas für ihn dabei ist. Information ist einfach alles. Nach etlichen Jahren Camping kommt zu diesem Wissen dann noch sehr viel eigene Erfahrung und bringt Antworten auf die Fragen, was wichtig ist und was weniger und was man zukünftig noch verbessern sollte.

d) Mitbenutzung

Glücklich kann sich schätzen, wer Eltern hat, die den Campingurlaub auch mögen und finanziell so gefestigt sind, dass sie selbst ein gebrauchtes Wohnmobil erwerben. Das könnte man dann mitbenutzen. Argumente, z.B. sich an den laufenden Kosten zu beteiligen, könnten die Bereitschaft der Eltern nachhaltig unterstützen.

Eine solche Allianz funktioniert aber nur mit den Eltern, zu denen ja eine ganz besondere Beziehung herrscht. Ich kann eigentlich nur davor warnen, eine solche Teilhaberschaft mit Geschwistern oder Freunden zu versuchen. Der Streit ist vorprogrammiert. Das Aufteilen des Kaufpreises und der laufenden Kosten macht keine Probleme. Bei schuldlosen Unfällen zahlt ja die gegnerische Haftpflicht, bei eigener Schuld muss der jeweilige Fahrer dann eben alles alleine bezahlen. Das geht alles auch noch. Was aber ist bei Reparaturen? Jetzt geht der Ärger los. Jeder versucht, den Kopf aus der Schlinge zu ziehen und so wenig wie möglich zu zahlen. „Du fährst viel mehr Kilometer als wir, dein Anteil muss größer sein!" „Du fährst wie eine wilde Sau, du schonst das Auto nicht!" „Müssen die Bremsen jetzt schon gemacht werden, halten die nicht noch einige tausend Kilometer?" „Schon wieder ein Kratzer, warum fährst du immer so dicht an den Büschen vorbei?" „Müssen die Bremsen unbedingt in der Werkstatt repariert werden? Das kann man auch selbst machen!"

Die Liste ist unendlich. Das Klima der „Partner" untereinander wird langsam aber sicher vergiftet und man verliert die Lust, nicht nur an der Partnerschaft, sondern manchmal auch am ganzen Camping. Das wäre doch schade und ist vermeidbar in dem man sich gar nicht erst darauf einläßt. Dann lieber eine Nummer kleiner und alleiniger Eigentümer, als sich hinterher mit den Teilhabern herumstreiten zu müssen.

e) Verbesserung der eigenen Finanzlage

Ein beliebtes Thema einerseits für die Verbraucherberatung, andererseits auch für Wirtschaftsmagazine und andere Ratgeber auf allen Medien, sei es Funk, Fernsehen oder Presse. Ich vermehre mein Geld dadurch, dass ich einfach weniger ausgebe. Ein einfaches Prinzip und es funktioniert. Man sucht sich günstigere Versicherungen, verzichtet vielleicht auch einmal auf Designer - Kleidung, und das Auto braucht eigentlich auch keine superbreiten Reifen auf den teuersten Alufelgen. Laufende Kosten (Telefon, Handy !!!) werden kontrolliert, ein Haushaltsbuch hilft beim Überblick und immer stellt man sich die Frage, ob es noch sparsamer geht. Am Ende meiner Bemühungen steht ein finanzieller Zuwachs, der viel größer ist als alle denkbaren Lohnerhöhungen. Nur – das muss man wollen, dazu muss man bereit sein. Die innere Bereitschaft dazu ist wohl die größte Anforderung und kann ein sehr großes Hindernis sein. Wer verzichtet schon gerne auf z.B. Designerkleidung? Der Jugendliche muss sich aber darüber im Klaren sein, welchen Wert er durch den Aufwand gewinnt.

Das Kamel im Nadelöhr
Stauraumprobleme

Keine Frage, es wird eng, wenn zwei Leute angeln und campen wollen und vielleicht auch noch ein Boot dabei haben. Die Probleme minimieren sich, wenn man einen Transporter hat oder einen Last- oder Campinganhänger benutzt. Ansonsten muss ich mir irgendwie den benötigten Platz verschaffen, und zwar durch a) Zurücklassen wenig benutzter Teile, b) Ersatz großer und unhandlicher Teile durch ähnlich sinnvolle kleine Teile (falls überhaupt möglich) und c) konsequente Ausnutzung des vorhandenen Stauraums.

a) Nicht alles mitnehmen

Wir kennen das ja alle. Das Urlaubsgepäck wird immer großzügiger gepackt, als es eigentlich nötig ist. Nach Urlaubsende, beim Auspacken, stellen wir fest, dass wir viele Sachen gar nicht gebraucht haben. Lernen wir doch daraus und prüfen schon beim Packen, wieviel Schuhe, Hosen, Jacken etc. wir mindestens brauchen. Streng aussortieren! Mehr als das Minimum wird dann auch nicht eingepackt. Das gilt aber nicht nur für die Kleidung. Camping- und Sportausrüstungen müssen ebenso überprüft werden. Muss ich beispielsweise wirklich Grillkohle mitnehmen? Die könnte man auch am Zielort kaufen. Muss es die komplette Angel -

Ausrüstung sein? Brauche ich das alles, oder würde nicht auch eine sinnvolle Zusammenstellung in einem wesentlich kleineren Koffer ausreichen? Konsequentes Zurücklassen verringert uns die Stauprobleme.

b) Große Teile durch kleinere Sachen ersetzen

Das ist nun mal nicht immer möglich, aber passende Beispiele gibt es schon. Die große Anglerliege bietet guten Komfort, braucht aber viel Platz. Geht es nicht auch einfacher? Beispielsweise könnte man den Mini - Klappstuhl der Campingausrüstung auch zum Angeln verwenden und hätte damit schon wieder ein unhandliches Teil eingespart. Mehrfachbenutzung wäre da das Zauberwort. Oder auch diese riesigen unhandlichen Angelrutentaschen, in denen die ebenso unhandlichen Steckruten sind. Könnte man sich in einem solchen Fall nicht mit den platzsparenden Teleskop - Ruten anfreunden? Ja, ich weiß, der „ernsthafte" Angler protestiert jetzt. Angeblich sind die Steckruten 1. stabiler und haben 2. eine bessere „Aktion". Dem kann ich entgegenhalten, dass die Stabilität u.a. durch die Wahl des passenden Wurfgewichtes gewährleistet werden kann. Einen Rutenbruch bei einem kapitalen Fang kann man nie ausschließen. Aber wie oft erleben wir einen solchen Fang, der mir die Rute bricht? In meinen 40 Angeljahren sind mir nur ganz wenige Ruten zerbrochen, davon nur 1 bei einem kapitalen Fang. Lügen sich mache Angler nicht selbst etwas vor und träumen von einer Situation die sie noch nicht erlebt haben, aber gerne einmal erleben würden? In meinem Buch „Anglerlatein – Geflunkert wird überall", habe ich in lustig – ernster Weise auch darüber geschrieben.

Die „Aktion" der Rute soll - angeblich – vernünftigen Auswurf, sicheres Anhauen und sicheres Landen des Fisches gewährleisten. Ich selber genieße es, mit meinen Teleskop - Angeln wenig Stauprobleme zu haben. Dann sitze ich mit diesen Angeln am Wasser, links neben mir ein Angler mit Steckruten, rechts neben mir genauso. Wir alle verlieren mal einen Fisch oder haben Fehlbisse, kein Unterschied zwischen Steckruten und meinen Teleskopruten. Glauben diese Steckruten - Angler möglicherweise verbissen an kaum beweisbare Werbeaussagen des Handels? Dafür haben sie aber jetzt Stauprobleme und sie sollten wirklich einmal prüfen, ob eine platzsparende Tele - Rute ihren Zweck genauso gut erfüllen könnte.

c) Stauraum vollständig ausnutzen

Man kann sich kaum vorstellen, wieviel Platz durch falsches Packen verloren geht. Benutzt man nur mehrere große Gepäckstücke, dann bleiben rechts, links, vorne und hinten im Kofferraum viele ungenutzte Ecken zurück. Viel mehr erreicht man durch eine geschickte Kombination aus großen Gepäckstücken (Taschen, Koffer, Kisten) und kleinen Teilen (Kästchen und Plastiktüten). Mit den Kleinteilen kann man dann nahezu lückenlos die Leerräume ausfüllen.

Sehr gut geeignet zum Auffüllen sind z.B. die Kleidungsstücke, die man nicht in eine Tasche, sondern in viele Plastiktüten packt. Diese Tüten sind flexibel und passen sich den Lücken genau an. Decken und Schlafsäcke legt man im Kofferraum flach oben auf die anderen Sachen, um auch den letzten Platz nach oben auszunutzen. Bei Kombi - oder Fließheck - Pkws legt man natürlich die Rücksitzbank um. Aber auch bei einem „normalen" Stufenheck - Fahrzeug wird man den nicht benötigten Bereich der Rücksitze auch als Stauraum nutzen. Ich kann mich an einen Ostsee - Urlaub Anfang der 70er Jahre erinnern, als Student mit Freundin und einem Simca 1000. Nach Ausbau der kompletten Rücksitze passte in diesen Kleinwagen plus Dachgepäckträger das Ferienhaus - Gepäck für eine Woche, große Angelausrüstung und das Schlauchboot mit Motor und Zubehör. Es geht also doch!

Sehr hilfreich für den Camping - Urlaub sind die Vorratsbehälter aus Kunststoff. Man erhält sie, in bester Qualität aber auch sehr teuer, unter dem Markennamen „Tupperware" in den unterschiedlichsten Größen und Formen. Der Geldbeutel wird entlastet, wenn man u.a. in Baumärkten und Kaufhäusern nach preisgünstigeren Qualitäten sucht. In regelmäßigen Abständen findet man sie auch als Sonderangebote in den Prospekten der Discounter. Da sind sie dann natürlich am billigsten. Der schlaue Camper achtet darauf und greift schnell zu, damit er immer einen kleinen Vorrat an solchen Behältern hat. Man kennt doch das Schicksal. Wenn man mal plötzlich eine Dose benötigt, dann gibt es garantiert in dieser Zeit keine Sonderangebote. Die Dosen sind einfach universell. Ein voll bepacktes Camping - Fahrzeug bedeutet immer etwas Chaos. Viele Kleinteile findet man nur schnell wieder, wenn sie in solchen Kunststoffkisten verpackt sind. Ich benutze sie nicht nur zum hygienischen, feuchtigkeitsdichten Aufbewahren von Lebensmitten aller Art. Ebenso Werkzeuge, Ersatzteile (besonders die ganz kleinen, die man sonst nie mehr wiederfindet), Campingzubehör und Angelgerät finden darin ihren Platz.

Mit dem Hammer in der Hand
Selbstausbau

Es klingt natürlich verlockend, durch Eigenleistung und Selbstausbau Geld zu sparen. Basis wäre dann ein Pritschengestell, dem man eine fertig zu kaufende Wohnkabine aufsetzt und dann innen komplett ausbaut, bzw. ein gebrauchter Transporter, der „nur" noch eingerichtet werden müsste oder ein Pritschengestell, auf das man einen alten Wohnwagen aufschraubt.

a) Pritsche + Wohnkabine

Die teuerste Version. Das Fahrzeug selbst, die vorgefertigte Wohnkabine, die Inneneinrichtung: Jeder dieser drei Posten verschlingt Tausende von Euro. Dazu noch der gewaltige Arbeitsaufwand. Dafür erhalte ich am Ende ein Wohnmobil, das in Optik und Qualität nicht von einem Serienfahrzeug zu unterscheiden ist. Im Preis aber auch nicht. Für das gleiche Geld könnte ich schon ein schönes gebrauchtes Fahrzeug erhalten und muss dann keine Arbeit investieren. Ganz früher, zu den „Pionierzeiten" der Wohnmobile war das anders. Da gab es kaum preisgünstige gebrauchte Fahrzeuge. Die selbst ausgebaute Wohnkabine war damals eine günstige Möglichkeit, zu einem „echten" Wohnmobil zu kommen, das sich optisch nicht von einem Serienbau unterscheidet. Heute, bei dem Massenangebot an gebrauchten Fahrzeugen, denkt da kaum noch einer dran.

Eigentlich ist das nur lohnenswert, wenn ich zu einem „fast geschenkt" - Preis ein gutes Pritschengestell bekomme und auch bei den anderen Kosten Einsparpotentiale nutzen kann.

b) Kleinen oder großen Bus / Transporter ausbauen

Die Kostensituation ist hier günstiger, der teure Kabinenaufbau entfällt. Allenfalls sollte man überlegen, das serienmäßige Dach eines kleinen Busses durch ein festes Hochdach oder ein Klappdach zu ersetzen. Solche Dächer, die für Stehhöhe und meist auch für 2 zusätzliche Schlafplätze sorgen, werden von vielen Herstellern noch einigermaßen bezahlbar angeboten. Der Rest ist aber identisch. Für die gängigsten Basisfahrzeuge sind natürlich die Teile der Inneneinrichtung vorgefertigt erhältlich. Das ist aber auch dringend nötig, denn es ist sehr schwierig, auch noch die Möbel selbst passend zu schreinern. Dafür lassen die Firmen sich die Einrichtungsteile auch gut bezahlen. Je größer mein Basis - Transporter dann ist, um so mehr passt dann auch an teuren Möbeln hinein. Das spürt wieder mein Geldbeutel.

Ich habe in all den Jahren unzählige selbst ausgebaute Campingfahrzeuge gesehen, einige lieblos zusammengezimmert, die meisten aber innen sehr ordentlich ausgebaut. Der Knackpunkt jeweils war aber oft außen, es war die Lackierung, die einen jämmerlichen Eindruck auf mich machte. Das Fahrzeug selbst hatte noch irgend einen verwitterten Farbton der früheren Werkslackierung, unterbrochen durch großflächige Roststellen, die man irgendwann einmal lieblos mit brauner Grundierung überstrichen hat. Darauf prangt, wie eine häßliche Beule, das nachträglich montierte Kunststoff - Hochdach in der werksmäßigen weißen Farbe. Hat der Besitzer nach dem Ausbau wirklich nicht mehr das Geld für eine Außenlackierung gehabt? Ich meine dabei nicht die Arbeit in einer Lackiererei, das ist wirklich zu teuer. Ganz einfach die Auto - Farbe kaufen und selber streichen. Spritzen wäre noch nicht einmal zwingend nötig, schon die Verarbeitung mit Pinsel oder Rolle würde einen besseren Anblick ergeben als der aktuelle Zustand, der eher an ein geflecktes, häßliches Safari - Auto erinnert.

c) **Wohnwagen auf Pritschenwagen.**

Man nehme ein gebrauchtes Pritschengestell und einen älteren Wohnwagen. Viele Wohnwagen standen jahrelang auf einem Dauerplatz und sind TÜV - fällig, Papiere sind nicht mehr auffindbar, und nun möchte der Besitzer seinen Wohnwagen verkaufen. Für den Normalkäufer ist das uninteressant. Der Aufwand, wieder einen Reisewagen daraus zu machen, ist sehr groß und sehr teuer. Fehlen die Papiere oder ist der Wohnwagen lange Zeit abgemeldet, ist eine TÜV – Vollabnahme notwendig. Das ist umfangreicher und teurer als die normale Hauptuntersuchung. Der „normale" Kunde hat dafür nur wenig Interesse.

Solche Wohnwagen werden daher billigst angeboten, auch schon für weit unter 500.- €, und jetzt kommt die Stunde der Selbstbauer. Nach Entfernung des Fahrgestells kann man den kompletten Wohnwagen als Kabine auf den Pritschenwagen setzen, und diese Kabine benötigt dann weder TÜV noch Papiere. Durch den vorhandenen, qualitativ hochwertigen Werksausbau des Wohnwagens, erhalte ich ein sehr ordentliches Wohnmobil. Klingt doch prima, nicht?

Na ja, ganz so einfach ist es nicht. Das Fahrgestell abmontieren und das Gehäuse auf die Pritsche setzen, das ist Sache einer Werkstatt. Die sollte auch die Verbindung zur Fahrerkabine aufschneiden, alles verschrauben und abdichten. Nur bei fachgerechter Ausführung werden wir später den Segen des TÜV und die Zulassung als Sonder - Kfz Reisemobil bekommen.

Die Inneneinrichung besteht ja schon, da haben wir kaum noch Arbeit und Kosten. Allerdings muss der Zugang zur Fahrerkabine noch etwas umgebaut werden. Normalerweise befinden sich ja im Wohnwagen vorne und hinten Sitzgruppen bzw. Flächen zum Schlafen. Den Durchgangs - Bereich nach vorne ändert man jetzt so um, dass man bei Bedarf möglichst ungehindert von dem einen Teil in den anderen gelangen kann. Möglichkeiten dafür gibt es schon. Ich könnte mir eine Sitzgruppe mit einem Tisch vorstellen, den man zur Freigabe des Durchgangs wegschwenken kann. Über der Sitzgruppe wäre vielleicht auch noch Platz für ein Hochbett. Eigene Phantasie und Bedürfnisse werden da schon zu einer Lösung führen.

Das Gesamtergebnis ist jedenfalls recht passabel, na ja, abgesehen von dem etwas gewöhnungsbedürftigen Anblick von außen. Den „Aufgesetzen" erkennt das geübte Camperauge sofort. Die Farbunterschiede zwischen dem Aufbau und dem Basisfahrzeug sollte man, wie eben schon beschrieben, durch eine Neulackierung aufheben. Der Aufbau bleibt aber durch seine markante Form immer als Wohnwagen erkennbar, das kann man nicht kaschieren. Warum auch? Ich bin Camper und möchte damit einen schönen Urlaub genießen und keinen Schönheitswettbewerb gewinnen!

Wichtiger Grundsatz bei allen eigenen Ausbauten: Damit es bei der späteren Überprüfung und Zulassung durch den TÜV keine Probleme gibt, sollte man schon zu Beginn der Planungen Kontakt mit dem TÜV aufnehmen. Die Mitarbeiter geben gerne Auskunft über das was kontrolliert und häufig beanstandet wird. Die enge Zusammenarbeit vor und während des Ausbaus ist sehr nützlich zur Vermeidung von Problemen bei der Abschluss - Untersuchung.

Das Buch hier soll keine Bauanleitung ersetzen, sondern bei der Planung mithelfen. Echte Bauanleitungen sind wohl auch kaum erhältlich. Jeder Ausbau eines Mobils ist eine ganz spezielle Sache, bezogen auf die eigenen Wünsche und das Fahrzeug. Sicher wird man Literatur finden, die einige universelle Tipps gibt. Hat man darüber hinaus noch spezielle Fragen, kann man sich an Fachleute wenden. Auch die Firmen, bei denen man die Ausbauteile kauft, geben gerne Auskunft, wenn es mal Probleme gibt.

Immer wieder will ich auch auf die Kataloge der Reisemobil - Ausstatter und der Campingzubehör - Firmen hinweisen. Egal, ob ich einen Bus ausbauen will oder ergänzendes Zubehör für ein vorhandenes Reisefahrzeug bzw. Zelt erwerben will, die Kataloge geben mir einen umfassenden Überblick über die angebotenen Möglichkeiten und Preise. Man sollte auch die Kataloge mehrerer Firmen besitzen, die Sortimente und

Preise können sehr unterschiedlich sein. Preisvergleich spart Geld! Es gibt schon bei den normalen Verkaufspreisen teilweise deutliche Unterschiede. Kann man dann noch Sonderangebots - Aktionen der einzelnen Campingausrüster nutzen, dann sind gute Einsparungen möglich.

Vielleicht werden Sie sich etwas wundern. Dauernd spreche ich von den Reisemobil - Ausstattern, Zubehörfirmen und Katalogen. Manch ein Neuling auf diesem Gebiet kennt keine Firma und würde sich jetzt über Namen freuen. Ich möchte aber die Nennung von Firmen und Markennamen weitgehend vermeiden, auch nicht werben oder gar bewerten. Wenn man einige Firmen nennt, müsste man eigentlich auch alle benennen. Wer kann das schon, wer kennt alle Namen? Ich kenne viele, sicherlich aber nicht alle. Auch soll der Eindruck vermieden werden, dass ich für bestimmte Firmen werbe, andere Firmen ablehne, oder sogar von einigen Firmen gesponsort wurde. Jeder muss da seine eigenen Erfahrungen sammeln, und ich möchte gern neutral und unbeeinflusst meine Meinung sagen können. An dieser Stelle möchte ich noch einmal darauf hinweisen, dass ich, unbeeinflusst von Dritten, meine eigene Meinung wiedergebe. Es sind Erfahrungen, die ich selbst gemacht habe. Ich gebe Wissen weiter, das sich jahrzehntelang angesammelt hat, ohne Garantien, Gewähr-leistungen oder Haftungen.

Wie kommt man nun an diese Infos? Die „Gelben Seiten" geben beispielsweise Auskunft unter den Rubriken „Campingzubehör, Campingbedarf, Reisemobilzubehör oder Wohnwagen (viele Wohnwagenhändler haben auch eine Verkaufsabteilung für Zubehör) ". Auch Yachtausrüster können aufgesucht werden, da Bootszubehör dem Campingzubehör oft gleicht. Werbeanzeigen der Firmen finde ich auch in den einschlägigen Zeitungen für Reisemobile und Camping. Ein Besuch einer passenden Messe für Camping und Freizeit ermöglicht direkte Kontakte zu den Firmen, und den Katalog kann man auch oft sofort mitnehmen.

Das Werkzeug für meine Bautätigkeiten erhalte ich natürlich in den einschlägigen Baumärkten. Profi - Qualität muss es nicht sein, möglichst aber auch keine „no-name" Ware zum Super - Billigpreis. Meine treusorgende Ehefrau schimpft immer, wenn mein guter Seitenschneider zu 2,50 Euro im Sonderangebot nach dem fünften Benutzen bereits Beschädigungen zeigt. Sie hat ja Recht. Die Gefahr, dass die Qualität genau so niedrig ist, wie der Preis, ist doch sehr groß. Die zusätzlichen Kosten für die Werkzeuge wird man wohl oder übel mit in seinen Etat einplanen müssen, falls man nicht bereits einen gut ausgerüsteten Werkzeugkeller besitzt.

Das eigene Geschick, die eigenen Fähigkeiten, spielen natürlich auch eine Rolle beim Selbstausbau. Die berühmten „zwei linken Hände" sollten kein Hindernis für handwerkliche Arbeiten sein. Der Mensch kann immer noch etwas dazu lernen, er wächst mit seinen Aufgaben. Ich würde aber einem handwerklich wenig geschickten Menschen nicht raten, direkt mit einem kompletten Selbstausbau zu beginnen. Die Restaurierungsarbeiten an einem älteren Mobil sind da doch für einen Anfänger besser zu beherrschen..

Die Ehefrauen und Partnerinnen: Liebe Camper, unterschätzen Sie die Frauen nicht. Dieses Buch ist geschlechtsneutral geschrieben, ich möchte Männer und Frauen gleichermaßen ansprechen. Für mich gibt es genauso ungeschickte Männer, wie es geschickte Frauen gibt. Gut, sicher trifft man manchmal auf Frauen, die kategorisch erklären, dass sie alle diese handwerklichen Arbeiten nicht können und auch nicht mögen. Da kann man auch nichts machen. Meistens sieht es aber anders aus. Die Frauen werden von vornherein von handwerklichen Arbeiten ausgegrenzt: „Das verstehst du nicht! Das kannst du sowieso nicht!" Bei einer solchen Kritik verliert doch jeder die Lust zur Mitarbeit.
Woran liegt das wohl? Haben solche Männer vielleicht Angst, sie könnten ihren Heiligenschein als Alleskönner verlieren? Möglicherweise gibt es

auch andere Gründe. Anstehende Arbeiten müssen nun mal ordentlich erklärt werden. Das ist für jeden Kfz - Meister mit einem Azubi selbstverständlich. Und das soll für Ehefrauen nicht gelten? Auch sie benötigen Informationen, vollständig, verständlich und in einem freundlichen Ton. Das ist Partnerschaft, aber da kann es auch Probleme geben. Viele Männer sind zwar handwerklich fit, aber nicht in der Lage, ihr Wissen verständlich weiter zu geben. Sie werden ungeduldig, und in einem unwirschen Ton gibt es nur noch unvollständige und schwer verständliche Infos. Bei auftretenden Problemen trifft dann natürlich die Frauen alle Schuld. Kein Wunder, wenn sie dann die Lust verlieren.

Für mich ist meine Frau grundsätzlich bei anstehenden handwerklichen Arbeiten ein gleichwertiger Partner. Wir besprechen die geplanten Arbeiten gemeinsam. Fragen werden ordentlich beantwortet. Ich bin kein gelernter Handwerker, erst recht kein Meister und weiß längst nicht alles. Das Wissen aber, was ich habe, gebe ich gern in einer verständlichen Form weiter. Dafür habe ich jetzt eine geschickte, eigenständig arbeitende Partnerin, die auf unserem Boot auch schon einmal eine Schweißnaht gesetzt und einen Anlasser eingebaut hat. Gerne denke ich an eine Episode in einem Yachthafen zurück. Wir mussten an der Elektro - Verteilung eines Motorbootes etwas arbeiten, auf engem Raum in Rückenlage. Damit nicht einer allein leiden muss, wechseln wir uns üblicherweise ab, so auch an diesem Tage. Während die Frau unten im Boot werkelte, pausierte ich draußen und unterhielt mich mit einem anderen Skipper. Während des Gesprächs fluchte meine Partnerin plötzlich aus dem Schiffsbauch: „Ich kriege hier unten einen Affen! Das ist eng, da kann ich ja gleich durch den Briefkastenschlitz arbeiten! Aber Strom ist jetzt drauf!"

Der Skipper hatte meine Frau vorher gar nicht bemerkt und jetzt entgleisten ihm sämtliche Gesichtszüge, als sie, im Arbeitsanzug und mit Meßgerät und Elektrowerkzeug beladen, aus dem Schiffsbauch herauskroch. „Unfassbar. Das habe ich noch nicht gesehen. Eine Frau, die in der Elektrik arbeitet." Noch Wochen später sprach er mich darauf an. Das, was für uns selbstverständlich war, war für ihn unglaublich.

Nur Mut, liebe Camperinnen, das alles können Sie auch!

Nützliche Tipps

Eine ordentliche <u>Planung der Fahrt</u> sollte eigentlich für jeden selbstverständlich sein. Dazu gehören dann auch erstklassige Autokarten mit einem guten Maßstab, der auch noch kleine Feldwege anzeigt. Ideal wäre da 1:200000. Das gibt es aber nicht für alle Gegenden. Ist man beispielsweise in Nord - Skandinavien irgendwo in der „Pampa", dann kann man froh über eine Karte 1:500000 sein. Im Zielgebiet hat man oft mehr Glück und findet in Tankstellen, Supermärkten und Buchhandlungen bessere Karten als in Deutschland. Info - Stellen für Touristen am Urlaubsort bieten darüber hinaus sehr interessante Karten mit vielen Details vom jeweiligen Urlaubsgebiet, oft sogar gratis. Die „i" - Stellen (Tourist - Inform) sind für mich immer ein wichtiger Anlaufpunkt.

In diese Fahrtplanung gehören die Gesamtkilometer, die Länge und geschätzte Fahrtdauer der einzelnen Etappen und es sollten auch Campingplätze als Zielpunkte vorab ausgesucht werden. Für die Platzauswahl ist natürlich ein Campingführer notwendig, erhältlich in Buchhandlungen und im Handel für Campingbedarf. Für den Angler (überhaupt für jeden Wassersportler) ist der Führer besonders wichtig, beschreibt er doch, ob der Platz direkt am Wasser liegt oder einige Km davon entfernt.

Mit Hilfe der Automobilclubs erfährt man Besonderheiten bei Auslandsfahrten. Man glaubt gar nicht, wie viel man im Ausland als Autofahrer falsch machen kann. Einige Länder, gar nicht weit weg von uns, scheinen richtig heiß darauf zu sein, bei den Touristen abzukassieren, und das mit Preisen, die für uns unvorstellbar sind. Da kann ein einziger Fehler die Urlaubskasse leeren. Genauso wichtig sind die Zollvorschriften. Manche Länder haben die Einfuhr bestimmter Lebensmittel reglementiert, z. B. Frischwaren. Nicht alles, was der Camper normalerweise im Kühlschrank hat, darf auch eingeführt werden. Glücklicherweise sind Kontrollen und der nachfolgende Ärger selten, deshalb ist das wohl auch so wenig bekannt.

Fazit: Ausführliche Auslandsinfos bei Automobilclubs einholen, das geht auch sehr gut via Internet. Unser größter Automobilclub gibt sich da etwas elitär und rückt diese Infos ausschließlich und exklusiv für seine Mitglieder heraus. Kein Problem. Es gibt ja noch viele andere Clubs, die man über Internet und Suchmaschine anklicken kann, und man stellt dann überrascht fest, dass man auch woanders akzeptable Clubleistungen und Schutzbrief für deutlich weniger Geld erhalten kann. Dazu erhalten auch Nichtmitglieder, auf der Seite des ACE beispielsweise, die gewünschten Länder -

Informationen. Da die Mitgliedschaft in einem Automobilclub durchaus empfehlenswert ist, ist das ein echter Spartipp für den Neuling. Man vergleiche doch einmal Preise und Leistungen der einzelnen Clubs. Was kostet die Mitgliedschaft inklusive des Schutzbriefes? Sind alle auf das Mitglied zugelassenen Fahrzeuge eingeschlossen? Sind die bei teuren Clubs angebotenen Mehrleistungen für mich eigentlich notwendig (falls es überhaupt Mehrleistungen gibt)? Vielleicht reicht ja für mich die Grundsicherung aus und ich spare eine Menge Jahresbeitrag. „Drum prüfe, wer sich ewig bindet...".

Berechnungen der zu erwartenden Kosten gehören auch in eine sorgfältige Vorplanung:
1. Treibstoffverbrauch und daraus resultierende Kosten;
2. Lebensmittelkosten;
3. Mögliche Mautgebühren, das kann auch teuer werden;
4. Fährkosten besonders sorgfältig prüfen. Die Preise können nach Tageszeit und Saison stark variieren. Öfters gibt es Sonderangebote oder günstigere Tarife auf anderen Routen.
5. Campinggebühren auch prüfen (Campingführer). Manche Plätze verlangen sündhaft teure Preise.
6. Natürlich eventuelle Nebenkosten, z.B. für Museen.

Sehr viel Wissen aneignen über Camping und Campingfahrzeuge (Bau, Ausrüstung, Ersatzteile, Zubehör). Man hat ja Spaß am Camping und wird es dann nicht als besondere Belastung empfinden, die schon erwähnten Spezialkataloge der Campingausrüster intensiv durchzulesen. Der Camper ist dann besser informiert und kann sich bei Problemen unterwegs auch schon einmal selbst helfen. Fantasie und Ideenreichtum zur Verbesserung des Campinglebens wird so auch verstärkt. Auf meinen Reisen führe ich oft einen Zubehörkatalog mit. Wenn ich im Ausland den Fachbegriff für ein benötigtes Ersatzteil nicht kenne, hilft die Abbildung im Katalog häufig weiter. Wer „Abspannstange" auf griechisch nicht kennt, kann dann vielleicht mit dem Finger darauf zeigen.

Werkzeug mitführen. Für kleinere Reparaturen sollte immer ein Grundbestand an Werkzeug dabei sein, dazu zählen mindestens: Kleiner Knarrenkasten, sowie eine Kunststoff - Dose mit: Schraubenschlüssel (verstellbar), Rohrzange, Kombizange, Seitenschneider, Schraubendreher für Flachschlitz und Kreuzschlitz, Elektroschraubendreher, Elektroprüflampe, Lüsterklemmen, Isolierband, Pannenband. Starthilfekabel und Abschleppseil gehören eigentlich auch auf eine größere Reise, genauso, wie ein großer Radmutternschlüssel mit Hebelverlängerung. Wer einmal versucht hat, mit dem kleinen serienmäßigen Schlüssel die

Radmuttern zu lösen, liebt zukünftig den mit Hebelverlängerung. Wer einen Anhänger mitführt, sollte auch dafür einen passenden Wagenheber besitzen, der serienmäßige Wagenheber des Pkws passt meist nicht.

Apropos Reifenwechsel. Wer einen Plattfuß vermeiden möchte, sollte seine Reifen an Wohnwagen und Zeltanhänger rechtzeitig wechseln. Aufgrund der geringen Benutzung verlieren diese Reifen kaum Profil und sehen auch nach 6 Jahren noch fast wie neu aus. In diesem Alter hat sich aber die Qualität des Reifengummis drastisch verschlechtert, es verhärtet. Das Brems- und Kurvenverhalten ist nicht mehr so gut, die Pannenwahrscheinlichkeit nimmt zu. Nach 6 Jahren sollte man dringend wechseln. Auch das zähle ich zur selbstverständlichen Fahrzeugpflege.

Noch ein Reifentipp: Wohnwagen und Lastanhänger haben ja meist nur zwei Räder. Schauen Sie einmal in den Papieren nach dem Maximalgewicht des Anhängers und teilen Sie das durch 2. Das Ergebnis ist die Last, die jeder einzelne Reifen tragen muss.

Jetzt auf die Reifenflanke schauen. Dort ist die Traglast des Reifens eingeprägt, leider in Englisch. (Beispiel: „Max.load 1050 lbs at 30 psi") Frei übersetzt: Maximale Last 1050 englische Pfund (1 engl. Pfund entspricht 454 Gramm) bei einem Druck von 30 psi. Die 30 psi in die Einheit „bar" zu übersetzen, geht leicht, da jedes Luftfüllgerät 2 Skalen für bar und psi hat.

Um die Tragkraft in Kilogramm umzurechnen, multiplizieren wir die 1050 Pfund mit 0,454 und erhalten rund 477 Kg. Wären diese Reifen unter einem Wohnwagen von 1000 Kg Gesamtgewicht montiert, dann wäre das sehr schlimm. Eigentlich müßte jeder Reifen 500 Kg aushalten, na ja, die Stützlast am Kupplungskopf könnte man noch abziehen. Trotzdem, diese Reifen werden bis zu ihrer Grenze belastet und sind eine mögliche Gefahrenquelle. Der Camper geht wesentlich beruhigter auf seine Urlaubsreise, wenn er solche schwachbrüstigen Reifen radikal gegen verstärkte austauscht, z.B. Transporter - Reifen.

Bislang hatte ich in meinem Camperleben unter drei Reifenplatzern zu leiden, glücklicherweise ohne größere Schäden. Jeder dieser Platzer wäre bei sorgfältiger Überwachung vermeidbar gewesen.
Mitte der 70er Jahre erwischte es uns einmal im Wohnmobil auf einer Nachtfahrt in den Skiurlaub nach Garmisch. Schneetreiben, mittelmäßiger Verkehr, Bumm, der Reifen hinten rechts! Man spürte es deutlich. Das Mobil eierte etwas, ich rollte aber problemlos am Straßenrand aus. Die Begutachtung des Schadens erwies sich als schwierig, es ist dunkel, und so taste ich mit den Händen über den Reifen. Plötzlich verschwindet meine Hand in einem ca. 30 cm langen Riss in der Flanke. Da hätte auch Pannenspray nicht mehr helfen können. Der Reifen war innen glühend heiß und dann sah ich auch schon die

ersten Flammen, die innerhalb des Reifens entstanden und größer wurden. Ein Fahrzeugbrand war denkbar, ein Feuerlöscher nicht vorhanden, wir hatten aber Trinkwasser an Bord, von dem die Ehefrau ohne viel Worte einige Becher abzapfte. Dafür bereitete ich den Reifenwechsel in Dunkelheit und Schneegestöber vor. Ich habe wohl noch nie so schnell am Wagenheber gekurbelt. Das zwischenzeitlich gelieferte Wasser konnte die Flammen doch etwas unter Kontrolle halten, es hat jedenfalls geklappt.

Den qualmenden Reifen wollten wir aus Sicherheitsgründen nicht mehr unter dem Wagen montieren, und haben ihn an einem gut erkennbaren Schild in den Schnee hinter die Leitplanke gelegt. Auf dem Rückweg sind wir da noch einmal vorbeigefahren und haben den Reifen nach einem Sekundenhalt aufgesammelt und in das Wohnmobil geschmissen. Leider verkehrt herum, mit der aufgeplatzten Seite nach unten, und der ganze verkohlte Ruß rieselte auf den guten Fahrzeugteppich.

Ursache dieses Platzers waren einerseits überlastete Reifen, die ich nach dem Urlaub sofort gegen noch stärkere ausgetauscht habe, und andererseits will ich auch einen zu niedrigen Luftdruck nicht ausschließen. Ein Wohnmobil wird doch selten bewegt und noch viel seltener wird dann der Luftdruck kontrolliert.

Die anderen beiden Platzer traten während eines Urlaubs in Skandinavien auf. Der erste auf dem Hinweg. Schnellster Wechsel, damit die Fähre Kiel - Oslo nicht verpasst wurde. Da insgesamt 7000 Km Reise vor uns lagen, hatte ich dann auf norwegischem Boden versucht, einen Ersatzreifen zu bekommen. Ein Blick auf die Reifenflanke zeigte mir die passende Größe, und ich habe dann mit meinem Anliegen ca. 10 Händler aufgesucht. Fehlanzeige, selbst im Bereich Oslo war meine gewünschte Reifengröße nicht zu bekommen. So verlebten wir den ganzen Urlaub etwas besorgt ohne Reservereifen. Man muss bedenken, dass es Anfang der 80er Jahre noch keine Handys gab, und wir uns, speziell in der Nordhälfte von Skandinavien, in sehr menschenleeren Gebieten aufgehalten hatten. Da kann man lange auf Hilfe warten. Damals war es aber noch gut gegangen, bis zur Rückfahrt jedenfalls. Wieder auf deutschem Boden, platzte nach 50 Km der zweite Reifen. Die herbeigerufenen Pannenhelfer fanden dann heraus, dass das Wohnmobil rundherum mit falschen Reifen ausgestattet war. Das Fahrzeug hatten wir von einem Händler (!!) gebraucht gekauft, und dem war das auch nicht aufgefallen. Bei einer besseren Kontrolle meinerseits hätte das also auch vermieden werden können, und die sorgfältige Kontrolle möchte ich auch als Ratschlag an die Leser weiter geben.

Gewichtsgrenzen beachten: Wir haben nicht nur mit einem Stauproblem zu kämpfen, sondern auch mit einem Gewichtsproblem. Es sind Zuladungsgrenzen zu beachten, und zwar mehrfach.

➢ Zulässiges Gesamtgewicht des Pkw
➢ Zulässiges Gesamtgewicht des Anhängers
➢ Maximale Stützlast der Anhängerkupplung
➢ Maximale Stützlast der Kupplungskugel / PKW
➢ Maximale Kofferraumlast
➢ Maximale Dachlast des Pkw
➢ Maximale Zuladung der Dachbox

Da kann man schon gegen viele Vorschriften verstoßen. Ab und zu führt die Polizei gerne Kontrollen durch und überprüft die Zuladung von solchen Gespannen. Die werden heraus-gewunken und kommen dann auf einem Parkplatz direkt auf die Waage. Bei einseitiger kleiner Überladung (nur Pkw oder Wohnwagen) kann man vielleicht durch Umpacken etwas retten. Klappt das nicht, dann wird es schwierig. Geldbuße, Flensburg - Punkte, alles ist möglich. Mir ist zwar persönlich kein Fall bekannt, dass jemand auf dem Parkplatz Ausrüstung zurück-lassen musste, ausschließen möchte ich das aber auch nicht. In jedem Fall ist der Urlaub ordentlich geknickt, noch ehe er richtig begonnen hat. Der Camper sollte also auch die Gewichte von PKW und Anhänger etwas im Auge behalten. Die

Benutzung einer Kfz - Waage kostet nur wenige Euro, erspart aber jede Menge Ärger.

Gerade bei Wohnmobilen kann die Zuladung ein heißes Thema sein. Gehen wir einmal von der Standardsituation aus. Da interessiert sich jemand für ein Reisemobil, schaut sich die technischen Daten an und liest: Zuladung 500 Kg. Der Interessent ist völlig zufrieden. Das genügt, wer schleppt schon eine halbe Tonne Ausrüstung in sein Mobil? Durch diesen gedanklichen Fehler hat er das Thema Zuladung abgehakt und wird nicht mehr daran denken.
So, Freund Karsten, jetzt wollen wir einmal richtig rechnen. Die Zuladung ist die Differenz zwischen Leergewicht und Gesamtgewicht. Das Leergewicht bezieht auf das Fahrzeug in Serienausstattung ohne Extras ab Werk, betriebsbereit vollgetankt, in der Regel mit Fahrer. In sämtlichen Staufächern herrscht gähnende Leere, und wenn Karsten ein solches Mobil besitzt, dann wird er es erst einmal ausstatten. Dass diese „Grundausstattung" eine ordentliches Gewicht hat, daran denkt er nicht. Da kommen 2 Gasflaschen rein, die schon 45 Kg wiegen. Dazu eine gefüllte Werkzeugkiste, Geschirr, Besteck, Bettzeug, Radio, auch einen Grundvorrat an Lebensmitteln und, und, und. Jedes kleine Teil, das er einlädt, wiegt etwas. Die Kilos summieren sich und unbemerkt hat man bis hierhin plötzlich ca. 100 Kg eingeladen. 50 Liter im Wassertank und 10 Liter im Chemie - WC

ergeben noch einmal 60 Kg. Wenn man das von der Zuladung abzieht, verbleiben nur noch 340 Kg, einschließlich der Fahrgäste (ohne Fahrer). Wenn Karsten jetzt noch 4 Freunde auf eine Angelreise mitnehmen will, dann muss er noch einmal 4 x 75 Kg = 300 Kg davon abziehen. Da verbleiben dann nur 40 Kg Zuladung, das sind schäbige 8 Kg pro Nase einschließlich Angelzeug! Das muss die Kiste Bier für den gemütlichen Abend genauso zu Hause bleiben, wie das schöne Angelboot, und Karsten wird alle Mühe haben, diese Zulade - Problematik seinen Freunden zu erklären.

Ich kann nur dringend raten, solch ein grundsätzlich ausgestattetes Mobil vor Urlaubsantritt einmal auf eine Fahrzeugwaage zu stellen, um Sicherheit bei der noch möglichen Zuladung zu bekommen.

Glück hat ein Kaufinteressent, wenn ihm ein sogenanntes „aufgelastetes" Wohnmobil angeboten wird. In solchen Fällen ist das Fahrwerk verstärkt, und dadurch konnte in den Fahrzeugpapieren eine wesentlich höhere Zuladung eingetragen werden. Achtung, Führerscheingrenzen beachten! Nur die etwas älteren Camper haben noch das Recht, mit ihrer PKW – Erlaubnis bis 7,49 Tonnen zu fahren. Für die etwas jüngeren Fahrer ist schon viel früher Schluss, einschließlich der Anhängelasten, für die man teilweise einen extra Schein machen muss.

Reisecheckliste abhaken: Der ganze gute Wille für eine ordentliche Ausrüstung nützt aber nichts, wenn man im entscheidenden Moment vergisst, diese Sachen einzupacken. Absolut empfehlenswert: Man speichert einmal auf dem Rechner eine Art General - Liste ab, die alle erdenklichen mitzunehmenden Gegenstände enthält, universell passend für alle Reisen, für das Wochenende bei der Oma genauso, wie für einen dreiwöchigen Urlaub. Kurz vor einer Fahrt druckt man die Liste aus und streicht alles, was auf dieser speziellen Fahrt nicht notwendig ist. Nach dieser Checkliste kann man dann das Auto packen. Erst, wenn der Gegenstand im Wagen ist, wird er auf der Liste gestrichen.

Ordnung halten. In einer großen Wohnung kann man auch einmal ausnahmsweise in einer gewissen Unordnung leben. Diese Lage ändert sich schlagartig, wenn mein Lebensraum auf die Größe eines kleinen Busses oder eines Zeltes schrumpft. Ordnung halten schafft jetzt den Platz, den ich dringend benötige. Selbst der größte Ordnungsmuffel wird einsichtig, wenn er nachts im Zelt auf seine Luxus - Angel tritt, die er achtlos auf den Boden geworfen hat. 100 Euro kaputtgetreten, das spürt man schon. Noch mehr spürt man, wenn man mit nackten Füßen auf den Blinker tritt, der daneben lag. Spätestens dann wird aufgeräumt.
Die Ordnung bezieht sich aber nicht nur auf die Angelausrüstung. Ordnung ist Lebensqualität,

das ist ein freier Tisch und freie Stühle beim Frühstück, das sind Gegenstände, die ich ohne langes Suchen wiederfinde, ein Bett, das ich ohne abzuräumen benutzen kann. Ordnung schafft den notwendigen Lebensraum und erleichtert das Leben überhaupt.

Trekking - Ausrüster: Vorsicht ist geboten bei den speziellen Trekking - Ausrüstern. Ich bin einmal an so einen geraten, als ich für Karstens erstes Zelt ordentliche Nägel kaufen wollte. Ich kannte den vorgesehenen Campingplatz: Harter Boden, vollständig durchsetzt mit einer Unzahl großer und kleiner Steine. 10 Jahre lang hatte ich mir dort schon bei der Befestigung des Wohnwagen - Vorzeltes massivste Stahlnägel ruiniert. Mit diesem Wissen betrat ich den Laden und trug dem Inhaber meine Wünsche vor. Kein Problem für ihn. Wie bei einem Juwelier wurden mir auf einem Samtdeckchen die edelsten Heringe präsentiert, aus den feinsten Legierungen von Aluminium und Magnesium. Wie beim Juwelier waren auch die Preise: Bis zu 5 Euro, pro Stück, wohlgemerkt! Der Inhaber schwärmte davon, dass sie nur wenige Gramm wiegen würden, das war sein Hauptargument. Diese filigranen Nägelchen hätte ich in dem Felsboden wohl mit drei wuchtigen Schlägen krumm geschlagen. In der Befürchtung, dass er mich nicht richtig verstanden hatte, erklärte ich ihm noch einmal ganz genau meine Wünsche. Er reagierte irritiert, sogar beleidigt: Er würde immer

mit diesen Nägeln campen und er hätte noch nie Probleme gehabt. Für meine gewünschten Nägel müßte ich ja „einen LKW zum Transport haben". Langsam begriff ich, dass ich hier auf eine besondere Spezies von Urlaubern gestoßen war: Den Trekking - Freund. Ihren ganzen Besitz müssen sie bei ihren Wanderungen mit sich schleppen. Deshalb haben sie nur eine Miniausrüstung und selbst diese wenigen und kleinen Teile wiegen sie mit einer Briefwaage noch nach. Für ihre kleinen Zelte reichen dann natürlich auch die Mini - Stäbchen aus Alu. Wir konnten uns jedenfalls nicht einigen, unsere Interessen und Vorstellungen waren einfach zu verschieden, und so verließ ich ohne einen Kauf den Laden. Später habe ich dann bei einem ganz normalen Ausrüster ordentliche Winkelbleche gekauft, 10 Stück für 5 Euro und zusätzlich für den Felsboden sehr massive Stahlnägel in ca. 7 mm Durchmesser zu einem ähnlichen Preis.
Als wir danach mit Karsten auf dem geplanten Campingplatz ankamen, und er dort verzweifelt versuchte, wenigstens einige dieser Nägel mit einem dicken Stahlhammer in den Boden zu prügeln, hat er meine Entscheidung für die massiven Stahlnägel begrüßt.

Zeltaufbau: Ich will die Alu - Nägel nicht grundsätzlich verdammen. In normalen Böden ab mittlerer Härte erfüllen sie durchaus ihren Zweck, überall da, wo man sie mit einem leichten Gummihammer einschlagen kann. Wird aber ein kräftiger Stahlhammer benötigt, dann haben die Nägel schon verloren. Stahl gegen Aluminium, das ist ein zu ungleiches Paar, und der Alu-Nagel verliert. Ausnahmen gibt es auch hier. Manchmal gibt es kleine, enge Spalten zwischen den Gesteinsbrocken, zu eng für den dicken Stahlhering. Ein dünner Hakennagel könnte hier aber seinen Weg noch finden. Das muss man beim Einschlagen ausprobieren.

Ist der Boden zu weich, dann klappt es aber auch nicht mehr mit dem Halt. Aus reinem, trockenen Sand oder einer regendurchweichten Wiese kann man die runden Nägel mit zwei Fingern wieder herausziehen. Da müssen dann winkelige Bleche genommen werden, damit sich eine größere Fläche in dem schwachen Boden festkrallen kann.

Kleiner Tipp noch zum Einschlagen: Alle Nägel entwickeln die größte Haltekraft, wenn man sie schräg in den Boden schlägt, so dass sie einen rechten Winkel zur Spannleine bilden. Beim späteren Herausziehen ist es genau anders. Man zieht genau in der Richtung des Nagelverlaufs und hat so den geringsten Widerstand.

Mit den vorhandenen *Abspann - Möglichkeiten* geht man oft zu nachlässig um. Das Zelt wird beispielsweise bei gutem Wetter und wenig Wind aufgebaut. Mit nur wenigen Nägeln steht es dann schon recht ordentlich. Viele lassen dann die anderen Abspannungen einfach weg. Wozu auch? Der Aufbau ist lästig, man hat schließlich andere Interessen und das Zelt steht ja, wie man sieht.

Das böse Erwachen kommt später, wenn ein unerwarteter Starkwind am Zelt rüttelt und es aus der Mini - Verankerung hebt. Ich habe schon viele Zelte gesehen, die in urplötzlichen Gewitter - Sturmböen zusammengebrochen sind. Alle Größen waren darunter, vom Mini - Hauszelt für 2 Personen bis hin zum Wohnwagen - Vorzelt. Zufrieden konnte ich dann feststellen, dass mein Zelt jeweils keinen Schaden genommen hatte, weil ich von Anfang an, mit den richtigen Nägeln, sämtliche vorhandenen Sturmabspannungen auch genutzt hatte. Das ist besonders wichtig beim Wohnwagen - Vorzelt, was durch seine Größe sehr windanfällig ist. Sicherheit erreiche ich da einerseits durch die oben erwähnten zusätzlichen Abspannungen und andererseits durch das „Orkan - Gestänge".

Fangen wir einmal mit dem Orkan - Gestänge an. Das normale Gestänge besteht aus drei Dachstangen, am Wohnwagen eingehakt, dazu drei Aufstellstangen an der Front, oben mit einer Querstange verbunden. Für die zusätzliche Sicherheit sorgen 2 weitere Dachstangen und bis zu vier zusätzliche Aufstellstangen. Noch mehr Stabilität erhält man mit weiteren Querstangen, die ringsum unterhalb der Vorzeltfenster eingesetzt werden.

Die zusätzlichen Sturmabspannungen geben dem Vorzelt noch mehr Stabilität und sollen verhindern, dass ein Sturm das Vorzelt vorne hoch hebt. Die Aufstellstangen sind ja nur zusammengesteckt und diese Steckverbindungen können ausleiern. Hält man eine solche Stange einmal hoch, dann rutschen die Steckverbindungen ungehindert auseinander. Passiert das im Sturm, dann kann die ganze Konstruktion zusammenbrechen. Ein zusammengebrochenes Vorzelt konnte ich einmal bei einem Freund besichtigen. Dicke Stützstangen waren geknickt wie Streichhölzer und die Bruchstellen hatten das Zeltdach beschädigt.

Um das zu verhindern spannt man weitere Leinen vorne vom Dachfirst zum Erdboden. Viele Vorzelte haben auch noch unterhalb der Fenster weitere Befestigungspunkte für Sturmleinen. Ich habe auch schon ganz vorsichtige Camper gesehen, die zusätzlich einen breiten Gurt von der linken Seite, quer über das Dach, bis zur rechten Seite gespannt haben. Als besondere Sturmabspannung wird das inzwischen auch im Handel angeboten.

Das Bild auf der nächsten Seite zeigt schematisch das Stützkorsett eines Vorzeltes. Die dunklen Stangen entsprechen dem Hauptgestänge, die hellen Stangen stellen das Zusatzgestänge dar. Man sollte es ab einer Aufbaulänge von 4,50 bis 5,00 m, der besseren

Stabilität wegen, immer verwenden. Auch könnte es leicht Wassersäcke im Dachbereich geben, wenn die Dachplane zu wenig unterstützt ist. Gegen die Wassersäcke sind auch speziell gebogene Stangen oder Stangen mit Federelementen erhältlich, die die herabhängende Plane wieder nach oben straffen.

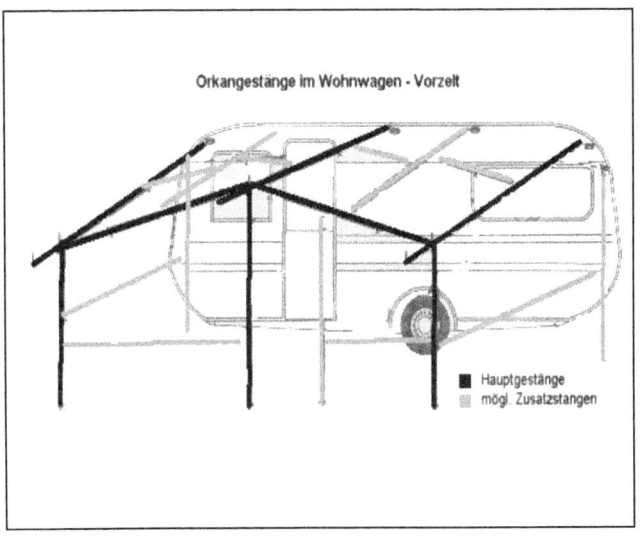

Orkangestänge im Wohnwagen - Vorzelt

■ Hauptgestänge
▨ mögl. Zusatzstangen

Diese Erklärungen beziehen sich auf Wohnwagen - Vorzelte. Für normale Zelte gibt es natürlich kein Zusatzgestänge, man sollte aber alle vorgesehenen Punkte für Sturmleinen auch benutzen.

Starker Wind rüttelt sehr kräftig am Zelt und an den Befestigungen. Da könnte auch einmal etwas reißen. Um diese kräftigen Rucke abzumildern, sollten alle Verbindungen zu den Nägeln mit Abspannringen aus Gummi versehen sein. Die gibt es in verschiedenen Ausführungen für wenig Geld im Campingladen. Man sollte immer einen kleinen Vorrat haben, da die Gummis durch Einfluss von Sonne und Witterung altern und sehr brüchig werden. Der geneigte Leser kann aus solchen Bespielen lernen oder er muss erst selbst die schlechten Erfahrungen machen.

Beim Abspannen müssen natürlich sämtliche Eingänge verschlossen sein. Das Zelt steht sonst wunderbar, man schafft es aber nicht mehr, die Reißverschlüsse zuzuziehen. Übrigens, die Reißverschlüsse danken es mit besonderer Haltbarkeit und Leichtgängigkeit, wenn man sie ab und zu mit etwas Silikon - Spray einsprüht.

Aufbauort: Ich möchte mit diesem Ratgeber ja besonders auch den Anfänger ansprechen, mit Tipps, die eigentlich für den „alten Hasen" selbstverständlich sind. Kein erfahrener Camper würde sein Zelt in einer Kuhle aufbauen. Ein möglicher Wasserstand von 5 oder sogar 10 cm nach einem heftigen Regenguss macht das Zelt unbewohnbar. Ähnliches passiert auch, wenn die zusätzlich untergelegte Plastikplane außen über den Bereich des Zeltdaches hinausgeht. Das Wasser sammelt sich dann regelrecht auf der

Plane und läuft erst recht ins Zelt! Die Zusatzplane muss immer innen bleiben. Vielleicht kann man sie am Innenrand dann sogar noch etwas hoch legen. Der Handel bietet dafür inzwischen aufblasbare Wannen an. Ebenso sollte man den Zeltaufbau direkt unter Bäumen meiden. Nach Regenfällen tropft es noch lange nach, Verschmutzungen durch Vogelkot sind ebenso möglich, wie Verschmutzungen durch Harze und andere Absonderungen der Bäume. Es ist schon empfehlenswert, den Vorteil des Schattens in einem gebührenden Abstand zu genießen. Außerdem denke ich auch an die Sicherheit. Sie wären nicht der erste, der in seinem Zelt während eines plötzlichen Gewittersturms von einem Ast oder einem umstürzenden Baum erschlagen wird.

Gebrauchtkauf von Wohnwagen: Neben den Bremsen schaut der TÜV auch gerne einmal auf das Fahrgestell. Durchgerostete Träger können da zu Ärger führen. Leicht angerostet, also Flugrost, ist nicht ganz so schlimm. Zur Werterhaltung sollte man sie gründlichst entrosten und mit Rostschutzfarbe überstreichen. Auf den Farbdosen findet man genaue Anweisungen zum Anstrichaufbau, damit man einen maximalen Rostschutz erreicht.

Der nächste Schwachpunkt kann der Boden des Wohnwagens sein. Da sind 2 Hauptprobleme möglich: a) Der weichgetretene Boden und b) durchgefaulte Stellen.

Am weichgetretenen Boden ist dessen Aufbau Schuld. Häufig befindet sich ganz unten zunächst eine dicke Bodenplatte. Darauf kommen einige cm Styropor zur Isolation, und den Abschluß bildet eine dünne Sperrholzplatte. Die hält natürlich nicht viel. Läuft man darüber, drückt sie sich immer etwas ein, und nach vielen Jahren wird das Styropor darunter auch platt. Diese weichen Stellen bei alten Wagen spürt man deutlich, wenn man darüber geht, sie sind aber nicht weiter bedenklich, solange es wirklich kein Faulschaden in der Unterplatte ist.

Durchgefaulte Stellen sind da schon schlimmer. Das Wasser dringt ja am einfachsten über die offenen Ränder ins Holz, dort, wo man das Holz am schlechtesten schützen kann. So finden wir dann auch mögliche Faulstellen, wenn wir uns auf den Boden legen und die Ränder des Unterbodens rundherum untersuchen, besonders die vier Ecken. Der kundige Interessent besichtigt also einen gebrauchten Wohnwagen im Arbeitszeug und scheut sich auch nicht, einmal unter den Wagen zu kriechen. Da spielt die Musik. Die Reparatur von Faulstellen ist machbar und für den geschickten Bastler oft auch in Eigenleistung möglich. Für nähere Informationen sollte man sich mit Wohnwagen - Fachbetrieben in Verbindung setzen.

Es gibt aber auch Wasserschäden oberhalb des Fahrzeugbodens. Fenster und Dachluken neigen beispielsweise gerne zu Undichtigkeiten. Manchmal kann man sie gut an Verfärbungen innen an den Wänden und der Decke erkennen. Das ist kein Grund wegzulaufen, so etwas regelt man über den Kaufpreis und repariert es anschließend selbst. Dachluken kann man abschrauben, penibel reinigen und mit frischer Dichtmasse neu einsetzen. Silikon oder Acryl ist weniger geeignet, vorhandene Essigsäure könnte sogar korrosiv wirken. Im Wohnwagen- und Yachtzubehör werden dafür Dichtmassen z.B. auf der Basis von Polyurethan angeboten, die, bei Bedarf, auch überstreichbar sind. Bei Klebkraft und Haltbarkeit zeigen sie einfach eine bessere Eignung, die den wesentlich höheren Preis rechtfertigt. Undichte Fenster sollte man ausbauen und mit neuen Dichtgummis wieder einsetzen.

Mein Wohnwagen ist nun 20 Jahre alt und ich habe schon viele der oben erwähnten Reparaturen selbst durchgeführt. Aufgrund dieser Pflege kann ich sagen, dass er in einem ordentlichen Zustand ist. Es gibt keine Undichtigkeiten, kein Muff oder andere Fremdgerüche. Bei einer Art der „Generalüberholung" hatte ich kürzlich festgestellt, dass sich viele Schrauben in der Inneneinrichtung etwas gelockert hatten. Das ist kein Wunder nach 20 Jahren. Ich habe sie, soweit sie erreichbar waren, liebevoll nachgezogen. Bei der Gelegenheit habe ich dem Wohnwagen auch noch einen neuen edlen Teppichboden spendiert, den ich als Reststück im Fachhandel günstig erwerben konnte.

Nach den vielen Jahren waren auch die Kurbelstützen völlig mit Dreck verklebt und entsprechend schwergängig. Eigentlich wollte ich mir schon neue kaufen, nach dem Ausbau der Stützen konnte ich aber feststellen, dass man sie durchaus restaurieren konnte. Gründliche Reinigung, entrosten, neu lackieren und frisch ölen, das waren die Zauberworte für eine Menge gesparter Euro.

Die unten abgerundeten Wohnwagenstützen sinken bei feuchtem Erdreich oder Sand sehr gerne ein. Ich lege grundsätzlich etwas dickere Holzbretter oder Kunststoffteller aus dem Zubehörhandel unter die Stützen und habe keine Probleme. Eine Wasserwaage hilft mir bei der optimalen Ausrichtung.

Die Stützen mögen es nicht sehr, wenn man sie weit herunterdrehen muss, z.B. weil der Wagen irgendwie an einem Abhang steht. Abhilfe schaffen hier 10 bis 20 cm dicke Holzklötze, beispielsweise Abschnitte von dicken Balken, die den Abstand zum Boden spürbar verringern.

Bei Wohnmobilen und Bussen sieht die Problematik anders aus. Im Normalfall haben die keine Kurbelstützen. Das Fahrzeug parkt so, wie der Untergrund ist. Die kleinste Schräglage überträgt sich in gleichem Maße auf den Innenraum. Das kann schon einmal ungemütlich sein. Mehrere Arten der Abhilfe sind möglich. a) Zunächst einmal sollte ich immer nach einem möglichst geraden Stellplatz Ausschau halten. b) Oft sind die Stellplätze etwas uneben. Es gibt kleine Hügel und kleine Kuhlen, die ich nutzen kann, um den Wagen besser auszurichten. c) Auf meinen Wohnmobilfahrten habe ich immer selbst gebastelte stufenförmige Bretter mitgeführt. 3 Holzbretter, je 20 mm dick und immer kürzer werdend, sind aufeinandergeleimt und ergeben eine Art Treppe. Wenn ich so ein Brett vor das Rad lege, das zu tief ist, dann kann ich langsam vorfahren und die Fahrzeugstellung an diesem Rad nacheinander um 2,4 oder 6 cm erhöhen. Solche Teile kann man auch aus Kunststoff kaufen, dann kosten sie aber gutes Geld. c) Zur Not könnte man auch mit einem Klappspaten an der zu hohen Stelle eine kleine Kuhle graben, in die man das Fahrzeug hineinrollen läßt.

Sehr unangenehm kann das Parken auf Wiesengrund sein, der bei feuchter Witterung rutschig nass und sehr weich wird. Parkt man mehrere Tage auf so einer feuchten Wiese, dann kann es passieren, dass die Fahrzeugräder langsam in den feuchten Untergrund einsinken. Versuchen Sie da einmal, wieder herauszukommen. Ohne Fremdhilfe kann das ein unlösbares Problem werden. Nachdem man mich zweimal aus einer solchen Matschwiese mit einem Trecker herausziehen musste, habe ich auf späteren Fahrten immer 4 stabile Holzbretter, ca. 25 x 40 cm, mitgeführt, auf denen ich dann bei Bedarf das Fahrzeug abgestellt habe.

Propangas / Butangas: Beide Sorten werden für Campingzwecke angeboten.
Das Propangas ist üblicherweise erhältlich in grauen Flaschen mit 5 Kg oder 11 Kg Inhalt, die problemlos in Deutschland getauscht werden können. Im Ausland haben die Flaschen andere Formen und Anschlüsse. Tausch ist da nicht möglich, mit etwas Glück findet man aber Füllstationen, die die eigene Flasche wieder füllen.
Einzelne Firmen bieten Sonderformen an: Kleine Flaschen mit 3 Kg Inhalt, besonders leichte Alu - Flaschen und sogar durchsichtige Kunststoff - Flaschen. Was nützen mir aber diese Sonderformen, wenn es nur wenige Händler in Deutschland gibt, bei denen ich tauschen kann.

Das Propangas verdampft noch bei tiefen Minustemperaturen, es ist daher voll winter-tauglich, im Gegensatz zum Butan, das hauptsächlich von der Firma Camping - Gaz in blauen Flaschen bis zu 2,8 Kg vertrieben wird. Eine Mischung aus Propan und Butan befindet sich auch in den handelsüblichen Kartuschen mit und ohne Ventil. Butan benötigt eine wesentlich höhere Außentemperatur und verdampft schon bei Temperaturen in der Nähe des Gefrierpunkts nicht mehr. Der Vorteil der weit verbreiteten blauen „Camping Gaz" - Flaschen liegt in einer weitgehend problemlosen Austauschbarkeit, auch im Ausland. Man erhält sie oft direkt in den Shops der Campingplätze und Yachthäfen, ebenfalls in Baumärkten, Supermärkten und vielen anderen Geschäften. Die Probleme kommen aber in der kalten Jahreszeit, wenn das Gas kaum noch verdampft. Die Kocher und Lampen brennen dann nur noch auf Sparflamme, wenn sie überhaupt noch brennen.

Unsere Heinzelmännchen
Das Campingzubehör

<u>Campingmöbel:</u>

Es genügen mit Stoff bespannte Klappstühle aus Aluminium, dazu ein Klapptisch. Etwas bessere Tische haben einzeln verstellbare Beine. Das ist empfehlenswert. Ein wackelnder Tisch nervt genauso, wie ein Tisch der schräg am Hang steht. Das Geschirr darauf könnte ins Rutschen geraten. Neben den normalen Klapptischen werden auch Rolltische angeboten. Die Tischplatte besteht hier aus einzelnen Leisten, Holz, Kunststoff oder Alu, die beim Aufbau durch eine besondere Art der Verspannung ihre normale Stabilität erreicht. Beim Abbau wird das alles zu einer handlichen Rolle zusammengerollt. Der Platzbedarf dürfte wohl bei beiden Tischarten gleich sein. Die Form der Verpackung macht den Unterschied, und jeder muss selbst überlegen, ob er eine Platte oder eine Rolle besser verstauen kann.

Wer noch etwas Stauplatz übrig hat, wird sich vielleicht für einen Campingschrank interessieren. Er besteht aus einem zerlegbaren Kunststoffgestell mit harten Einlegeböden und wird mit einer hübsch bedruckten Folie außen bespannt. Nicht schlecht, da Zelte und Vorzelte keinerlei Ablagen besitzen. Alles liegt auf dem

Boden. Ein Schrank könnte jetzt viele Sachen stapeln, besonders die kleinen Dinge. Es gibt mehr Ordnung und mehr Platz.

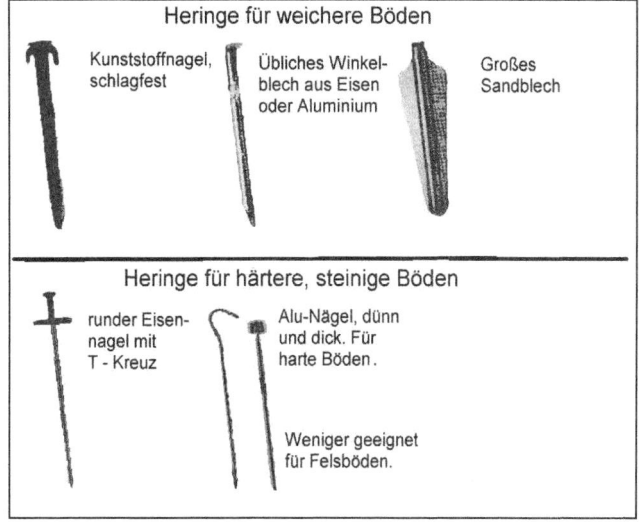

Heringe für weichere Böden

Kunststoffnagel, schlagfest

Übliches Winkelblech aus Eisen oder Aluminium

Großes Sandblech

Heringe für härtere, steinige Böden

runder Eisennagel mit T - Kreuz

Alu-Nägel, dünn und dick. Für harte Böden.

Weniger geeignet für Felsböden.

Beleuchtung:

Klar, ins Zelt gehört auch Licht, und wenn es nur eine einfache Kerzenlaterne ist. Selbst ein Teelicht auf dem Campingtisch könnte schon zur einfachen Orientierung oder als stimmungsvolles Abendlicht genügen. Die Angebote, die mir der Baumarkt und der Campingausrüster bieten, sind vielfältig:

➢ Petroleumlaterne: Ordentliches Licht für alle Zwecke, könnte aber beim Transport umfallen und auslaufen. Zusätzliches Petroleum (Lampenöl) muss eventuell am Urlaubsort nachgekauft werden.

➢ Gaslaterne: Sehr helles Licht für alles Zwecke, fein regelbar von ca. 20 bis 80 Watt, Massenprodukt wie der Kartuschen - Gaskocher, daher werden sie von Baumärkten und Discountern im Sommerhalbjahr oft zu sehr günstigen Preisen angeboten. Für mich ist die Gaslaterne eine ideale Beleuchtungsquelle, zumal auch die Gaskartuschen preislich sehr günstig sind und es auch im Ausland kaum zu Beschaffungsproblemen

➢ Große Campinglaterne mit Batterie- oder Akkubetrieb: Vom Licht her auch nicht schlecht. Auf Dauer gesehen kostet der Batteriebetrieb aber viel Geld. Die Akku - Lampen sind schon in der Anschaffung recht teuer. Sie haben nur eine recht kurze Betriebsdauer bis zum nächsten Aufladen und im entscheidenden Moment, wenn man sie dann braucht, ist meist der Strom alle, wetten dass ??

➢ Leuchten für 230 V - Betrieb: Recht ordentlich, solange ich Campingplatz - Strom habe. Irgend eine kleine Feuchtraumleuchte aus dem Baumarkt, mit Kabel und Stecker versehen, genügt vollauf. Ebenso gut geht es mit einer Hand - Leuchtstofflampe, wie man sie in den Auto - Werkstätten verwendet.

➢ Taschenlampen: Für das „schnelle" Licht würde ich 2 Taschenlampen empfehlen, eine etwas größere und eine kleine Lampe, vielleicht eine der modernen LED - Leuchten. Solch eine LED - Lampe habe ich während meiner Camping - Aufenthalte auf Dauer in meine Gürtelschlaufe eingehängt. Da stört sie nicht und ich habe bei Bedarf ständig ein ordentliches Licht griffbereit.

Man sieht, die Auswahl an Leuchten ist enorm. Ich persönlich bevorzuge die beiden erwähnten Taschenlampen und als Hauptlicht die Gaslampe, dazu eine Kartusche immer in Reserve. Mit dieser Ausstattung habe ich in der Vergangenheit noch nie Probleme gehabt. Doch, bei genauem Nachdenken fällt mir ein problematischer Urlaub ein: Zelten im Hunsrück im Spätherbst mit Nachtfrost und Tagestemperaturen um 5° C. Das war schon wirklich knackig, und im Rückblick möchte ich sagen, dass Zelten unter diesen Temperaturbedingungen nicht mehr empfehlenswert ist. Ja, es geht schon, mit Zeltheizung kann man es aushalten, wirkliches „Wohlfühlen" gab es aber nicht. In diesem Urlaub traten Beleuchtungsprobleme durch das in den Kartuschen verwendete Butangas auf. Meine Heizung wurde mit Propan betrieben und hat einwandfrei funktioniert, ganz im Gegensatz zur Beleuchtung.

Es war in unserem Zelt einfach zu kalt für Butan. Die Kartuschen - Gaslampe wurde dunkler und dunkler, bis sie kaum noch Licht abgab. Erst eine Erwärmung in der Nähe des Heizstrahlers ließ die Lampe zu neuem Leben erwecken. Konsequenz: In der kalten Jahreszeit sollten Camper weitgehend auf Butangas verzichten.

Luxusausstattung:

Wenn wir mit zwei Personen und Wohnwagen verreisen, gibt es natürlich trotz umfangreicher Angelausrüstung einschließlich Klappboot mit Außenborder Platz im Überfluss. Neben dem Vorzeltteppich und dem schon erwähnten Campingschrank werden dann auch noch 2 Relax - Liegen, der Fernseher mit Sat - Anlage, die Kaffeemaschine und der Soda - Automat mitgenommen. Das ergibt einen komfortablen Urlaub, muss aber nicht sein. Wir haben wirklich schon viel gezeltet und können aus dieser Erfahrung heraus sagen, dass es auch einfacher geht und man einen wunderschönen Urlaub hat. Am leichtesten können wir dabei auf den Fernseher verzichten. Eigentlich erlebt man den Urlaub ohne „Glotze" viel intensiver.

Weltempfänger:

Der sollte nun wirklich in eine Camping - Grundausstattung gehören. Er genügt mir, um einmal täglich über die Deutsche Welle auch im

Ausland Nachrichten in deutscher Sprache empfangen zu können. Drei Wochen Urlaub ohne jeden Kontakt zur Außenwelt finde ich nicht so gut. Das muss aber jeder für sich selbst entscheiden.

Ich würde einen modernen kleinen Weltempfänger mit digitaler Senderanzeige empfehlen, der manchmal schon für unter 50.- € erhältlich ist. Meistens sind auch noch Uhr und Wecker eingebaut. Was, Sie wollen überhaupt keinen Wecker im Urlaub? In Ordnung, das kann lange Zeit gut gehen. Irgendwann werden Sie aber mal bei Urlaubsende am Abreisetag verschlafen und Ihre fest gebuchte Fähre verpassen. Das teure Fährticket ist ersatzlos verfallen und muss neu gekauft werden. Die nächsten Fähren sind ausgebucht, sie bekommen erst übermorgen einen Platz und kommen dadurch zu spät zur Arbeit. Ihren Ärger möchte ich dann sehen. Danach haben Sie einen Wecker dabei, und wenn es ein ganz kleiner ist.

Wir selbst haben auf unseren Reisen üblicherweise drei Wecker dabei. Da ist zunächst ein normaler Radiowecker, der allerdings Netzstrom benötigt, dann der oben beschriebene Weltempfänger und dazu noch eine Armbanduhr mit Weckfunktion. Bei wichtigen Terminen schalten wir zum Radiowecker immer noch einen zweiten, unabhängigen Wecker ein, damit wir bei einem Netzausfall, der auf Campingplätzen doch schon einmal vorkommt, immer noch sicher geweckt werden.

Zeltreinigung:

Wenn es auch nicht häufig ist, manchmal muss ein Zelt gereinigt werden, beispielsweise nach Verunreinigung mit Vogelkot. Richten Sie sich in jedem Fall nach den Anweisungen der Zelthersteller. Generell kann ich sagen, dass scharfe, ungeeignete Reiniger sehr schnell den Stoff und die Imprägnierung schädigen können, das Zelt wird undicht. Versuchen Sie es zuerst mit klarem Wasser, dann mit Neutralreiniger oder noch besser mit einem Spezialreiniger für Zelte aus dem Zubehörhandel. Nach einer solchen Grundreinigung ist eine Nachimprägnierung empfehlenswert. Die Mittel dafür finde ich ebenfalls im Zubehörhandel. Dort gibt es dann auch (meist) eine ordentliche Beratung.

Trinkwasser:

Während Wohnwagen, Busse und die meisten Klappzelte eine ordentliche Wasserversorgung eingebaut haben, muss der Zelter sich selbst darum bekümmern. Üblich sind Wasserkanister mit 10 bis 20 Liter Inhalt. Wer einmal versucht hat, den Wasserkessel durch einfaches Schütten aus der großen Öffnung zu befüllen, wird einen Kanister mit eingebautem Auslaufhahn bevorzugen.
Verdorbenes Trinkwasser kann die Gesundheit erheblich beeinträchtigen. Gerade in südlichen

Ländern weiß ich nie, welche Qualität das Trinkwasser hat, das ich gerade in den Kanister fülle. Ratsam ist dann ist die Zugabe eines Wasserentkeimungsmittels, das ich im Camping - Zubehör in zwei Sorten erhalte. Die eine Sorte enthält Silberionen, die keimfreies Wasser bis zu 6 Monate frisch halten. Bei der anderen Sorte sind Silberionen mit Chlor kombiniert. Da kann man auch klares Wasser mit eventuell vorhandenen Keimen wieder trinkbar machen. Der Handel bietet auch kleine Aufbereitungsanlagen an, mit denen man sogar Wasser aus Teichen o.ä. in Trinkwasser verwandeln kann.

Schlafunterlagen:

Die sogenannten selbstaufblasenden Matratzen bieten sicher einen guten Komfort, sind aber auch recht teuer, wenn man sie in einer ordentlichen Dicke kauft. Wer schläft denn schon gerne auf den dünnen Matratzen von vielleicht weniger als 3 cm Stärke? Das ist doch schon wieder nur eine Notlösung. Die dicken Matratzen dieser Sorte sind einerseits sehr teuer und nehmen andererseits doch etwas mehr Platz weg als eine gleich große normale Matratze, auch wenn man den darin vorhandenen Schaumstoff durch enges Rollen etwas komprimieren kann.
Ich bevorzuge da eine normale Luftmatratze, allerdings nicht die mit Längsrillen. Es sollte schon eine kastenförmige „Boxmatratze" sein, die

öfters bei Discountern als Gästebetten im Sonderangebot erhältlich sind. Hat man genug Platz in der Schlafkabine, sollte man sich vielleicht eine Überbreite von 80 bis 100 cm gönnen. Nicht empfehlenswert ist es, wenn man sich mit dem Partner zusammen auf eine Doppelmatratze legt. Jede Bewegung wird übertragen und stört den anderen im Schlaf.

Blasen Sie die Matratze nicht zu hart auf. Das bringt wenig Komfort. Wenn sie etwas schlabberig und weich ist, empfinde ich es als angenehmer. Das sollte jeder aber selbst ausprobieren.

Eine *Luftpumpe* gehört natürlich dazu. Neben den üblichen mechanischen werden auch kleine elektrische Kompressoren angeboten. Erwarten Sie aber nicht zu viel. Die meisten Kompressoren bringen viel Druck aber nur wenig Luft. Das dauert auch recht lange. Besser ist es dann schon, wenn man einen Kompressor mit sehr hoher Luftleistung findet. *Kleinteile*:

Für den Zeltaufbau, zur Reparatur oder als Ersatz, sollte man auch an einige kleinere Sachen denken:

➢ Etliche Meter Leine, 4-6 mm stark, als Ersatz für Abspannleinen, zum Aufhängen von Wäsche oder Zeltlampen und für viele andere Zwecke.

➢ Ausreichend Ersatz-Gummiringe zum Abspannen der Zelte.

➢ 1 Rolle Tesafilm. Zeltstangen sollte man nach dem ersten Aufbau beschriften und die

Kennzeichnung anschließend mit dem Film schützen. Der nächste Aufbau wird dann wesentlich erleichtert.

➢ Farbiges Kunststoffklebeband z.B. Coroplast. Es befestigt, repariert, schützt. Nur ab und zu wird es mal gebraucht, dann ist man aber froh, wenn man es hat.

➢ 1 Tube/Flasche Nahtdichter. Wann stellen Sie fest, dass das Zelt undicht ist? Natürlich wenn es regnet. Besitzt man Nahtdichter, dann kann man sich die Stelle leicht merken und sofort nach dem Abtrocknen reparieren.

➢ Einige Kabelbinder, mittel und groß, können manches Befestigungsproblem lösen.

Campingküche:
Zwei Töpfe sollten schon vorhanden sein, zumindest so viel und in einer solchen Größe, dass man für die vorhandene Personenzahl eine normale Mahlzeit zubereiten kann. Die preisgünstigsten Angebote an Töpfen findet man wohl im Supermarkt und beim Discounter. Stapeln bzw. ineinander verschachteln lassen sie sich aber meist nicht. Wer mit Platzproblemen zu kämpfen hat, wird ein platzsparendes Topfset aus dem Campingzubehör erwerben müssen. Angeboten wird da meist Alu oder Edelstahl, mit oder ohne Antihaftbeschichtung, und alles kann man auf kleinstem Raum ineinander stellen. Ganz billig sind solche Sets nicht, aber sie sind bezahlbar.

Messer sollten auch in ausreichender Menge vorhanden sein. In jedem Fall gehören dazu ein großes Messer mit glattem Schliff für Gemüse und Fleisch. Ein zweites Messer, etwas kleiner und mit Wellenschliff, ist gut geeignet für Tomaten, weiterhin für das Frühstücksbrötchen und andere weiche Schnittobjekte. Jetzt fehlt noch ein ordentliches Brotmesser, groß und mit Wellenschliff. Dick muss es sein, die Klinge darf sich eigentlich nicht mehr verbiegen. Mit einer weichen, biegsamen Klinge erhält man nur sehr ungleichmäßige Scheiben.

Kein Messer bleibt ewig scharf. Als Freund gut funktionierender und hochwertiger Schneidgegenstände, nehme ich natürlich auch einen Wetzstahl im Wohnwagen mit.

Kurz und bündig zusammengefasst

a) Zelt + Ausrüstung

Klassisches Pyramidenzelt, Nylon, 4 Pers., Stehhöhe

Kosten neu: Zelt ab ca. 200 € , Ausrüstung ab 400 €. Gebraucht, oder wenn schon einiges vorhanden ist, wesentlich günstiger.

Aufbewahrung: Kostenlos (Keller, Garage).

Beweglichkeit: Keine Einschränkungen.

Stauraum: Benötigt viel; es bereitet schon Probleme, den Wagen zu packen.

Urlaubskosten: Günstige Zeltgebühr, keine Zusatzkosten auf der Fähre.

Komfort: Je nach Ausrüstung gering bis mittel.

Wintertauglichkeit: kaum.

Extrakosten: keine. Akzeptable Unterkunft für kurze und lange Urlaube, bestimmte Mindestanforderungen an den Komfort sind nötig.

b) Lastanhänger

Kosten: neu schon ab ca. 500.- €, gebraucht deutlich billiger.

Aufbewahrung: schon etwas schwierig, evtl. teilweise zerlegt und auf die Seite gekippt in der Garage.

Rangieren ist nicht zu schwer, notfalls abkuppeln und per Hand drehen. Dadurch für Solo – Fahrer noch geeignet. Beachten Sie die Beschränkung der Geschwindigkeit!

Stauraum: Schafft, je nach Größe, ordentlichen Zusatzraum.

Urlaubskosten: Kaum Mehrverbrauch an Treibstoff, Mehrpreis auf Fähren und Mautstrecken durch den Anhänger, immer noch günstiger Zeltpreis auf Campingplätzen.

Extrakosten: Zulassung, Steuer, Versicherung, TÜV, evtl. Lagerung, Anhängerkupplung.

Notlösung für den Kleinwagenfahrer, der mit voller Ausrüstung und vielleicht auch noch mit Boot (hier zusätzlich noch oben auf dem Anhänger) verreisen will. Bis auf den Preis keine weiteren Vorteile im Vergleich zum Klappzelt. Einfache Anhänger könnte man aber, wenn man sie nur sehr selten benötigt, auch mieten.

c) Klappzelt

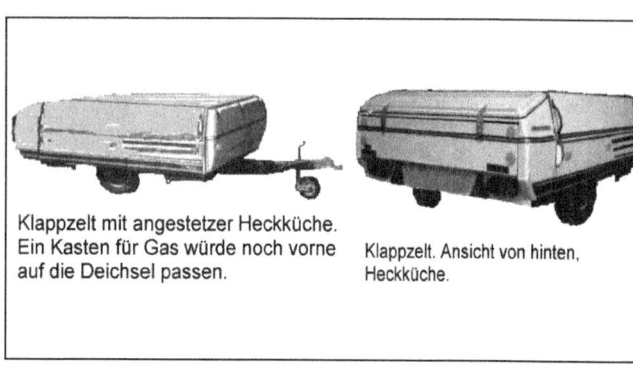

Klappzelt mit angestetzer Heckküche.
Ein Kasten für Gas würde noch vorne
auf die Deichsel passen.

Klappzelt. Ansicht von hinten,
Heckküche.

Kosten: gebraucht ab ca. 600.- € plus eigene notwendige Ausrüstung

Aufbewahrung: evtl. auf die Seite gekippt, in der Garage, sonst Unterstellplatz.

Beweglichkeit: Noch handlich, übersichtlich. Rangieren ist nicht zu schwer, notfalls abkuppeln und per Hand drehen. Dadurch für Solo - Fahrer noch geeignet. Geschwindigkeitsbeschränkung!

Stauraum: Schafft zusätzlichen Stauraum.

Urlaubskosten: Wenig Mehrverbrauch an Treibstoff. Zusatzkosten auf Fähren und Mautstrecken durch den Anhänger. Auf Campingplätzen wird in der Regel der normale Stellplatzpreis, nicht aber der günstigere Zeltpreis berechnet.

Komfort: Im Vergleich zum normalen Zelt Spitze, aber weniger als im Wohnwagen oder Bus! Riesiger Lebensraum, ähnlich wie Wohnwagen mit Vorzelt. Auch der Bus wird beim Lebensraum um Längen geschlagen.

Wintertauglichkeit: Kaum besser als im Zelt.

Extrakosten: Zulassung, Steuer, Versicherung, TÜV, evtl. Lagerung, Anhängerkupplung.

Das Klappzelt ist hinsichtlich des zusätzlichen Stauraums und der verbesserten Lebensqualität eine deutliche Verbesserung zum normalen Zelt und auch Konkurrenz zum Bus. Nachteile: Mehrkosten in Anschaffung und Unterhalt, dazu Beschränkung auf 80 Km/h und mangelnde Wintertauglichkeit.

d) Campingbus

Bus mit festem Hochdach   Bus mit aufgestelltem Klappdach

Kleiner Bus mit frei stehendem Vorzelt

Kosten: Abhängig vom Objekt und daher nicht allgemein kalkulierbar. Wie jeder andere ältere Gebrauchtwagen, sind günstige Angebote ab ca. 1500.- € in einem entsprechend schlechten technischen und optischen Zustand und müssen, zumindest teilweise mit Werkstatthilfe, aufgearbeitet werden. Einige tausend Euro Mehrkosten können u.U. dadurch anfallen. Man erhält danach aber auch ein Fahrzeug mit dem man beruhigt und mit gutem Gewissen in Urlaub fährt. Dringend zu empfehlen: Das frei stehende Busvorzelt ab ca. 250.-€

Aufbewahrung: Keine Zusatzkosten, Wagen parkt an der Straße.

Beweglichkeit: Nahezu wie ein normaler PKW.

Stauraum: Nicht sehr groß.

Urlaubskosten: Etwas erhöhter Dieselverbrauch (Transporter), keine Mehrkosten auf Fähren und Mautstrecken. Normaler Stellplatzpreis auf Campingplätzen.

Komfort: Abgesehen von der vollwertigen Inneneinrichtung , ist der Komfort nur gering, weil kein ordentlicher Lebensraum vorhanden ist, der aber durch ein Vorzelt verbessert werden kann.

Wintertauglichkeit: Relativ gut bei ordentlicher Isolation und vorhandener Standheizung.

Extrakosten: Zulassung, Steuer, Versicherung, TÜV. Dazu die üblichen Kosten für evtl. Reparaturen, Ersatzteile und Wartung, wie bei jedem anderen PKW.

Der gerade bei der jüngeren Generation allseits beliebte Campingbus ermöglicht sehr mobiles Campen unabhängig von der Jahreszeit und der

Witterung. Man muss allerdings mit den Nachteilen des geringen Stauraums und der kleinen Wohnfläche leben können.

Im Gegensatz zum größeren Wohnmobil ist der kleinere Bus handlicher und auch für jüngere Interessenten geeignet, die noch nicht so viel Fahrpraxis haben.

e) **Wohnwagen**

Kosten: Gebraucht ab ca. 1000.- €, vielleicht auch weniger, der Zustand ist dann aber auch nicht mehr gut. Für bessere zahlt man auch viel mehr. Die evtl. notwendigen Restaurationskosten sind aber geringer, das es beim Wohnwagen ja kaum die Technik gibt, die man in Kraftfahrzeugen antrifft.

Aufbewahrung: Abstellplatz notwendig

Beweglichkeit: Insgesamt eingeschränkt durch unhandlichen Anhängerbetrieb, das Rangieren erlernt man aber recht schnell. Geschwindigkeitsbeschränkung.

Stauraum: Einfach vorzüglich.

Urlaubskosten: Anhänger erzeugt höheren Treibstoffverbrauch, Normale Stellplatzgebühren. Extrakosten auf Fähren und Mautstrecken für den Anhänger.

Komfort: Genauso vorzüglich wie der Stauraum. Eine eingebaute Sanitärzelle, meist sogar mit Dusche erzeugt Unabhängigkeit von den Sanitäranlagen auf Campingplätzen. Noch mehr Unabhängigkeit ist möglich durch Einbau einer eigenen Batterieversorgung, im Idealfall mit Solaranlage.

Wintertauglichkeit: Ohne Probleme bei allen Witterungen, wenn die entsprechenden Versorgungsleitungen frostgeschützt verlegt sind.

Extrakosten: Zulassung, Steuer, Versicherung, TÜV, Abstellplatz, Anhängerkupplung. Ein Kleinwagen genügt kaum als Zugfahrzeug. Für die meisten Wohnwagen ist eine Anhängelast von mindestens 1000 Kg notwendig.

Der Wohnwagen ist, abgesehen vom großen Wohnmobil, natürlich die beste Grundlage für schöne Freizeiten,. Man muss aber auch die Nachteile im Auge behalten: Anschaffungspreis, Stellplatz und schlechte Eignung für Solo - Fahrer. Der Mitfahrer als Einweiser und Helfer beim Kuppeln und Rangieren ist schon sinnvoll.

f) Wohnmobil / große Busse

Vollintegriertes Wohnmobil m. Hubbett

Wohnmobil mit Alkoven, "Nasenbär"

Kosten: Die Spitzenklasse der mobilen Freizeitgestaltung, ist aber bei Gebrauchtpreisen ab ca. 2500.- € (ziemlich mieser Zustand) bis ...??? kaum eine Diskussionsgrundlage für die meisten Einsteiger, zumindest nicht für den Einsteiger mit knapper Kasse.

Aufbewahrung: Keine Zusatzkosten, Parken am Straßenrand.

Beweglichkeit: Etwas zwiespältig. Man hat zwar nicht die Probleme des Anhängerbetriebs. So ein großes Wohnmobil ist aber selbst schon ein kleiner Lastwagen und das ganze Fahrverhalten ist daher, zumindest am Anfang, sehr ungewohnt. Wohl wenig geeignet für den Führerschein - Neuling.

Stauraum: Sehr großzügig, kann durch Dachboxen und Heck - Gepäckträger noch erweitert werden. Die Zuladung kann aber Probleme bereiten. Viele 100 Kg klingen sehr großzügig, aber die Personen müssen jetzt dazugerechnet werden. Wenn beispielsweise 5 schwergewichtige Personen auf Reise gehen, dann hat man plötzlich viel mehr Stauraum als man eigentlich gewichtsmäßig nutzen darf. Allgemein gibt es aber bei 2 oder 3 Reisenden keine Gewichtsprobleme, auch bei großer Ausrüstung.

Urlaubskosten: Tarife für Fähren und Mautstrecken hängen von der Länge und Höhe des Wohnmobils ab. Erhöhter Kraftstoff - Verbrauch. Normale Stellplatzgebühr auf Campingplätzen.

Komfort: Sehr gut, ähnlich dem Wohnwagen.

Wintertauglichkeit: Nicht so gut wie im Wohnwagen, da der gesamte Bereich des Führerhauses keine Isolierverglasung hat.

Extrakosten: Zulassung, Steuer, Versicherung, TÜV, Abstellplatz. Dazu ist noch mit erhöhten Wartungs- und Reparaturkosten zu rechnen, z.B.

teure Schwerlast - Transporterreifen statt normaler PKW - Reifen.

Als Alltags - Ersatz für den normalen PKW wohl nicht verwendbar, also ein echter Zweitwagen mit doppelten Nebenkosten. Dafür entfällt die beim Wohnwagen notwendige Zusatzgebühr für einen Unterstellplatz, das WoMo, wie man auch sagt, kann einfach an der Straße abgestellt werden. Sehr gewöhnungsbedürftiges Fahrverhalten, schlecht geeignet für den Führerschein - Neuling. Ein solcher Reisemobil - Urlaub ist sicher einige Klassen besser als der Zelturlaub, der eigene Etat wird aber auch um einige Klassen mehr belastet, und zwar in Anschaffung und Folgekosten (Fahrzeugwartung, Steuer, Versicherung, evtl. Boots - Stellplatz). Da sollte man vorher sich genau informieren und rechnen, ehe einem hinterher die Puste ausgeht.

Jedes Ding hat seine zwei Seiten, so auch hier. Ich habe mich bemüht, die Vor- und Nachteile der einzelnen Arten, die gleichberechtigt nebenein- ander stehen sollen, möglichst wertneutral darzu- stellen. Eine Vollzähligkeit kann man dabei aber nicht erwarten. Ich möchte zum Nachdenken anregen. Es gibt auch viel mehr Firmen als ich hier angegeben habe. Eine riesige Auswahl steht Ihnen zur Verfügung und ich will auf keinen Fall werten. Es wäre doch auch langweilig, wenn ich auf dem Tablett eine für alle universell passende

Lösung servieren würde. Am Ende werden Sie dann durch eine Mischung aus Ihren Vorstellungen, den Möglichkeiten, den vorliegenden Angeboten und aus den zur Verfügung stehenden Finanzen die Freizeitgestaltung finden, die Ihren ureigensten persönlichen Vorstellungen a m besten entspricht. Diese Vorstellungen sind auch nicht in Beton gegossen. Selbstverständlich dürfen sie sich im Laufe der Jahre ändern. Dann schwenken Sie eben um und sammeln neue Erfahrungen.